U0806029

中等职业学校工程测量专业实训教材

工程测量综合实训教程

主　编　罗星罡　赵天毅
副主编　刘　蓉
主　审　马　亮

黄河水利出版社
·郑州·

内 容 提 要

《工程测量综合实训教程》是《工程测量》课程教学的重要组成部分，其中包含了理论指导和实践操作指导，是巩固和深化课堂中所学知识必要的实践指导教程，通过实训教程培养学生理论联系实际、分析问题和解决问题的能力，更注重锻炼学生的实践操作能力，培养学生热爱工程测量专业、吃苦耐劳、诚实敬业、团结协作的精神，培养学生严肃认真、一丝不苟、精益求精的工作作风以及高尚的职业操守。掌握多种测量仪器的使用方法，能够独立进行一些基本的测量工作。同时，也使学生在业务组织能力和实际工作能力方面得到锻炼，为今后从事测绘工作打下良好基础。

本书可作为将测量学作为相关专业技术课的规划，土木工程、农林、地质、矿产等专业的教材，也可供生产单位测量、施工等专业技术人员参考。

图书在版编目（CIP）数据

工程测量综合实训教程/罗星罡、赵天毅主编.—郑州：黄河水利出版社，2014.8

中等职业学校工程测量专业实训教材

ISBN 978-7-5509-0882-6

Ⅰ.①工… Ⅱ.①罗… ②赵… Ⅲ.①工程测量-中等专业学校-教材 Ⅳ.①TB22

中国版本图书馆 CIP 数据核字（2014）第 194283 号

出 版 社：黄河水利出版社

地址：河南省郑州市顺河路黄委会综合楼 14 层　　邮政编码：450003

发行单位：黄河水利出版社

发行部电话：0371-66026940、66020550、66028024、66022620（传真）

E-mail：hhslcbs@126.com

承印单位：河南承创印务有限公司

开本：787 mm×1 092 mm　1/16

印张：9

字数：208 千字　　印数：1—2 000

版次：2014 年 8 月第 1 版　　印次：2014 年 8 月第 1 次印刷

定价：25.00 元

中等职业学校工程测量专业实训教材
编写委员会名单

前　言

该教材是按照中等职业院校工程测量专业的人才培养目标，根据中职教育的特点，以应用性、普及性、先进性为出发点，在内容上注重技术性人才培养的特点，能加强实践训练和帮助学生巩固课堂所学知识，培养学生独立思考和实际动手能力，密切结合建筑施工现场的实际情况，对当前实践单位经常使用的仪器，如自动安平水准仪、电子经纬仪、全站仪的使用方法作出的实训指导，体现了职业能力的培养要求。

该实训教材的特色在于它有别于一般实训任务指导书的训练指导，可结合施工现场的测量工作，加强实际工程的训练指导，着重于施工测量方案的编制方法、基本内容及技术要求，以及施工场地控制测量的训练指导。同时，根据水准仪、经纬仪、全站仪操作的技术要求，给出了几种常用仪器的考核内容和方法，便于学生自我了解对水准仪、经纬仪、全站仪操作技能的掌握程度，方便教师对学生进行技能的量化考核。使用该教材可以加强培养学生综合运用测量知识适应施工现场测量工作的职业能力的训练。

全书共分为 5 个单元。第 1 单元为测量实训须知，介绍了测量实训应具备的基本常识，包括仪器使用的注意事项和数据记录、计算的有关规定。第 2 单元为测量课间实训，共有 6 个工程测量基本测量工作实训项目。各项实训均有明确的目的、要求和较为详尽的实习方法和步骤，并附记录、计算表格，为学生加强巩固工程测量基本知识提供了练习平台。第 3 单元为坝体、渠道施工测量，该部分根据中等职业院校开设专业的特点，与水利工程测量进行了结合，是实践性很强的一个版块，体现了特色。第 4 单元为公路、桥梁施工测量，结合现阶段学生在实践单位所做的实际工作而编排的内容，以使学生增强对实际测量工作的认识。第 5 单元为民用建筑物施工测量，此部分反应了测量工作的最基本工作，让学生提前为以后的实际工作打下坚实的基础。

本书由甘肃省水利水电学校工程测量系承担编写工作，编写人员及分工如下：赵天毅编写第 1、2、5 单元，罗星罡编写第 3 单元，刘蓉编写第 4 单元。本书由罗星罡、赵天毅担任主编；由刘蓉担任副主编；由马亮担任主审。

在编写过程中，吸取了有关书籍和论文的最新观点，在此一并表示感谢。由于编者水平有限，书中难免有缺点和错误，敬请广大读者批评指正。

编　者

2014 年 6 月

目　录

第1单元　测量实训须知

任务1.1　实训的目的和要求

工程测量实训教程是工程测量理论教学和实验教学之后的一门独立的实践性教学课程，目的在于：

（1）进一步巩固和加深对工程测量基本理论和技术方法的理解和掌握，并使之系统化、整体化。

（2）通过各任务实训的全过程，提高使用测绘仪器的操作能力、测量计算能力和绘图能力，掌握测量基本技术工作的原则和步骤。

（3）掌握工程测量中一些重要的基本测量工作，能够准确无误的掌握这些基本测量工作的原理和方法。

（4）在各个实践性的环节，培养应用测量基本理论综合分析问题和解决问题的能力，养成严谨的科学态度和工作作风。

任务1.2　测量仪器的借用规则

测量仪器属贵重、精密物品。为了使测量仪器保持良好状态，更好地为学校正常教学服务，以及延长仪器的使用寿命，需加强对仪器的管理，并制定以下条款：

（1）学校测量仪器实行统一管理，专人负责。除正常现场使用外，测量仪器统一保管在学校测量仪器室，并由管理员对其进行必要的清洁、防潮等维护工作。

（2）使用人应提前提出使用申请，并报仪器主管人员审批，经同意后方可领用。

（3）领用时应填写所领仪器清单，并注明完好情况、使用期限、工程名称、仪器编号、用途等。

（4）仪器操作者必须是测量专业人员或是能够独立操作的测量专业技术人员，操作时应严格按仪器说明书或操作规程进行。

（5）在使用中发生故障，应及时上报仪器室管理人员，个人不得随意拆卸、修理仪器。

（6）仪器在搬运时应轻拿轻放，运输时应将仪器盒放在软垫上，以免仪器损坏。

（7）不得在下雨天使用仪器，更不得用仪器照射太阳光，避免强光直射仪器；严禁用手触摸、用纸或手帕擦拭镜头；仪器箱不得坐人，更不得用脚踩踏。

（8）认真填写仪器使用记录，按期归还仪器。如有特殊原因不能如期归还，要及时请示指导教师或者仪器管理人员，获准后方可延期使用。

（9）任何人未经同意不得将仪器转借给他人使用。

（10）对于人为原因造成仪器损坏，可根据损坏程度给予当事人相应处罚。

任务1.3　测量仪器、工具的正确使用和维护

学校现有仪器种类很多，其中常用仪器的类别及型号见表1-1。

表1-1　常用仪器的类别及型号

类别	型号
水准仪	DS3、宾得电子水准仪、中纬电子水准仪、天宝电子水准仪
经纬仪	DJ6、电子经纬仪
全站仪	宾得 R－202NE、苏一光、尼康 DTM－352
GPS	中纬：Zenrth10、zenrth20、zenrth25、zenrth50

1.3.1　测量仪器、工具使用和维护

1.3.1.1　领取仪器时，必须检查的内容

（1）仪器箱是否关妥、锁好。

（2）背带、提手是否牢固。

（3）脚架和仪器是否相配，脚架各部分是否完好。要防止因脚架不牢而摔坏仪器，或因脚架不稳而影响作业生产。

1.3.1.2　仪器的开箱和装箱

（1）仪器箱应平放在地面上或其他台子上才能开箱，严禁托在手上或抱在怀里开箱，以免将仪器摔坏。

（2）取出仪器前应先牢固地安放好三角架；仪器自箱内取出后不宜用手久抱，应立即固定在脚架上。

（3）开箱后在未取出仪器前，应注意仪器安放在仪器箱中的位置和方向，以免用毕装箱时，因安放不正确而损伤仪器。

（4）有些仪器，如全站仪、电子经纬仪等仪器装箱时要拧开各制动螺旋，只有当放置妥当后再轻轻旋紧制动螺旋，然后关上箱盖。而像精密类的仪器放到箱底上后要旋紧制动螺旋，防止在运输过程中仪器在箱内活动，然后轻轻加罩壳。关箱盖或加罩壳时不得硬压或硬扣，应查明原因，排除障碍后再加盖。

（5）要检查箱内的小工具或附件是否都已固定，防止在运输过程中因没有固定好的工具或附件在箱内活动而砸坏仪器。

1.3.1.3　自箱内取出仪器时的注意事项

（1）不论何种仪器，在取出前一定先松开制动螺旋，以免取出仪器时因强行扭转而损坏微动装置，甚至损坏轴系。

（2）自箱内取出仪器时，应一手握住照准部支架，另一手扶住基座部分，轻拿轻放，不要一只手抓仪器。

（3）取仪器和使用仪器过程中，要注意避免触摸仪器的目镜、物镜、反光镜、棱镜，以免沾污，影响成像质量。绝对不允许用手指和手帕去擦仪器的目镜、物镜等光学部分。

1.3.1.4 架设仪器时的注意事项

(1)伸缩式脚架三条腿抽出后要把固定螺旋拧紧,亦不可用力过猛而造成螺旋滑丝,防止因螺旋未拧紧使脚架自行收缩而摔坏仪器。三条腿拉出的长度要适中。

(2)架设三脚架时,三条腿分开的跨度要适中,并得太拢容易被碰倒,分得太开容易滑开,都会造成事故。若在斜坡地上架设仪器,应使两条腿在坡下(可稍放长),一条腿在坡上(可稍放短),这样架设比较稳当。如在光滑地面上架设仪器,要用绳子拉住,采取安全措施,防止脚架滑动,摔坏仪器。

(3)在脚架安放稳妥并将仪器放到脚架头上后,要立即旋紧仪器和脚架间的中心螺旋,预防因忘记拧上连接螺旋或拧得不紧而摔坏仪器。

(4)自箱内取出仪器后,要随即将仪器箱盖好,以免沙土、杂草进入箱内。还要防止搬动仪器时丢失附件。

(5)仪器箱是保护仪器安全的主要设备,多为薄木板、薄铁皮或塑料制成,不能承重。因此,不允许蹬、坐仪器箱,以免使仪器箱受到损害。

1.3.1.5 仪器在使用中的注意事项

(1)有太阳时必须张伞,防止烈日暴晒和严防雨淋(包括仪器箱)。

(2)在任何时候,仪器旁必须有人,以保护仪器。

(3)如遇目镜、物镜外表面蒙上水汽而影响观测(在冬季较常见),应稍等一会儿或用纸片扇风使水汽蒸发,切勿用硬东西擦拭。

(4)制动螺旋不宜拧得过紧;微动螺旋和脚螺旋宜使用中段,松紧要调节适当,如感到转动螺旋时有跳动或听到“沙沙”声,就应及时清洗上油;拨动校正螺旋时应注意保护旋口或校正孔,用力要轻、慢;受阻时要查明原因,不得强行旋转。

(5)操作仪器时,用力要均匀,动作要准确、轻捷。用力过大或动作太猛都会造成仪器的损伤。

(6)仪器用毕,装箱前,可用软毛刷轻拂仪器表面的尘土。有物镜盖的要将其盖上,仪器箱内如有尘土、草叶应用毛刷刷干净。

(7)清点箱内附件,如有缺少,应立即寻找,然后将仪器箱关上,扣紧锁好。

(8)工作期间尽量使存放仪器的室温与工作地点的气温相近。当必须把仪器搬到温度差别较大的环境中去时,应先把它关闭在箱中 3 h 左右,到达测站后宜先取出仪器适温半小时以上才能开始正式观测。

1.3.1.6 在工作中仪器发生故障的处理

(1)仪器在外业测量中,因受温度、湿度、灰沙、震动等影响以及操作的不当,容易产生一些故障。引起仪器产生故障的原因是多方面的,故障的种类也很多,发现仪器出现故障时,立即停止使用,及时进行维修,若继续勉强使用,就会损伤零部件,甚至损坏到无法修复的程度。

(2)因为测量仪器的结构严密复杂,且对清洁程度要求很高,在野外不宜进行仪器的修理。在仪器出现故障时,应查明原因,送有关部门进行维修,绝对禁止擅自拆卸,更不能勉强“带病”使用,以免加剧损坏程度。

1.3.1.7 仪器搬站时的注意事项

（1）在长距离搬站或通过行走不便的地区时，应将仪器装入箱内搬迁，搬迁时切勿跑行，防止摔坏仪器。

（2）在短距离且平坦地区搬站时，可先将脚架收拢，然后一手抱脚架，一手扶仪器，保持仪器近直立状态搬迁，严禁将仪器横扛在肩上迁移。

（3）在迁站搬动仪器前，对仪器各部的制动螺旋都要稍为上紧，但又不能过分固定。

（4）每次迁站都要清点所有仪器、附件、器材，防止丢失。

1.3.1.8 其他仪器、器材的使用和维护

（1）电磁波测距仪是一种光、机、电相结合的电子仪器，对防震要求较高，在运输过程中必须有防震措施，最好用原来的包装。仪器及其附件要经常保持清洁、干燥。棱镜、透镜不得用手接触或用手巾等物擦拭（必要时可用试纸擦拭）。受潮的仪器要设法吹干，在未干燥前不得装箱，在使用过程中，不允许将仪器全部安装在三脚架上搬迁。电池，电缆线插头要对准插进，用力不能过猛，以免折断，在强烈的阳光下，要用伞遮住仪器，因为温度太高会降低发射管的功效，从而影响测程，决不可把照准头直接对向太阳，这样会毁坏二极管。

（2）各种标尺的完好与否，直接影响测量工作的进行。扶尺人员要与观测人员紧密配合，才能使工作更顺利地进行，要特别注意保持尺子的分划面及尺子底部。立尺时要用双手扶好，严禁脱开双手。在观测间隙中，不要将尺子随便往树上、墙上立靠，这样容易滑倒摔坏或磨伤尺面。尺子如放在平地上，应注意不得有碎石、硬土块等尖锐物体磨伤尺面，更不能坐在尺子上。水准尺从尺垫上取下后，要防止底面粘上沙土，影响测量精度。

（3）钢卷尺性脆易断，使用时要倍加小心，拉出钢卷尺时，不要在地面上拖拽，防止尺面刻划磨损。钢卷尺注意不要浸入水、泥里，拉伸在地面上时，严禁脚踩和各种车辆从上面压过，用毕后，应擦去灰沙，一人收卷，另一人拉持尺环，顺序卷入，防止绞结、扭断。

1.3.2 测量资料的记录要求

测量资料记录是测量成果的原始数据，十分重要。为保证测量数据的绝对可靠，实习时即应养成良好的职业习惯。记录的要求如下：

（1）实习记录应和正式作业一样，必须直接填写在规定的表格上，不得转抄，更不得用零散纸张记录，再行转抄。

（2）所有记录与计算均用绘图铅笔（2H 或 3H）记载。字体应端正、清晰，只应稍大于格子的一半，以便留出空隙作错误的更正。

（3）凡记录表格上规定应填写的项目不得空白。

（4）禁止擦拭、涂改和挖补，发现错误应在错误处用横线划去。淘汰某整个部分时可用斜线划去，不得使原字模糊不清。修改局部错误时，则将局部数字划去，将正确数字写在原数上方。

（5）所有记录的修改及观测结果的淘汰，必须在备注栏内注明原因。

（6）禁止连环更改，即已修改了平均数，则不准再改计算得此一平均数的任何一个原始读数，改正任一原始读数，则不准再改其平均数。假如两个读数均错误，则应该重测、

重记。

(7)原始观测的尾部读数不准更改,如角度读数度、分、秒,而秒读数不准涂改,应将该部分观测结果废去重测。

(8)测量成果的整理与计算应用规定的印刷表格或事先画好的计算表格进行。

(9)内业计算用钢笔书写,如计算数字有错误,可以用力刮去重写,或将错字划去另写。

(10)上交计算成果应是原始计算表格,所有计算均不许另行抄录。

任务1.4　测量记录与计算规则

(1)各项记录必须直接记入在规定的表格内,不准另以纸条记录再事后誊写。凡记录表格上规定应填写的项目不得空白。记录与计算均应用绘图铅笔(2H 或 3H)记载。

(2)观测者读数后,记录者应在记录的同时回报读数,以防听错、记错。记录的数据应写齐。规定的字数,表示精度或占位的“0”均不能省略。如水准尺读数 1.43 m 应记作 1.430 m,角度读数 45°6′6″应记作 45°06′06″。

(3)禁止擦拭、涂改。记录数字若有错误,应在错误数字上划一斜杠,将改正数据记在原数上方。所有记录的修改和观测成果的淘汰,必须在备注栏内注明原因,如测错、记错或超限。

(4)原始观测数据的尾数部分不准更改,应将该部分观测废去重测。废去重测的范围如表 1-2 所示。

表 1-2　附表观测数据中不准更改部位与应重测范围

测量种类	不准更改的部位	应重测范围
角度测量	分和秒的读数	一测回
距离测量	厘米和毫米的读数	一尺段
水准测量	厘米和毫米读数	一测站

(5)禁止连续更改,如水准测量的黑、红读数,角度测量中的盘左、盘右读数,距离测量中的往、返读数等,均不能同时更改,否则重测。

(6)数据计算时,应根据所取位数,按“4 舍 6 入,5 前单进双舍”的规则进行凑整。例如,至毫米则 1.456 4 m、1.455 6 m、1.456 5 m、1.455 5 m 都应记为 1.456 m。

(7)每测站观测结束后,必须在现场完成规定的计算和检核,确认无误后方可迁站。

(8)测量成果的整理与计算应用规定的印刷表格或事先画好的计算表格进行。

(9)内业计算用钢笔书写,如计算数字有错误,可以用力刮去重写,或将错字划去另写。

上交计算成果应是原始计算表格,所有计算均不许另行抄录。

第 2 单元　测量课间实训

任务 2.1　水准测量实训指导

【学习任务】

(1)熟练的使用和操作水准仪;

(2)进行水准测量外业观测和内业计算。

【学习目标】

(1)努力掌握普通水准测量的方法;

(2)能够正确地计算两点间的高差值。

2.1.1　相关知识

2.1.1.1　水准点

为了统一全国高程系统和满足科研、测图、国家建设的需要,测绘部门在全国各地埋设了许多固定的测量标志,并用水准测量的方法测定了它们的高程,这些标志称为水准点(Bench Mark),常用 BM 表示。永久水准点与临时水准点如图 2-1 所示。

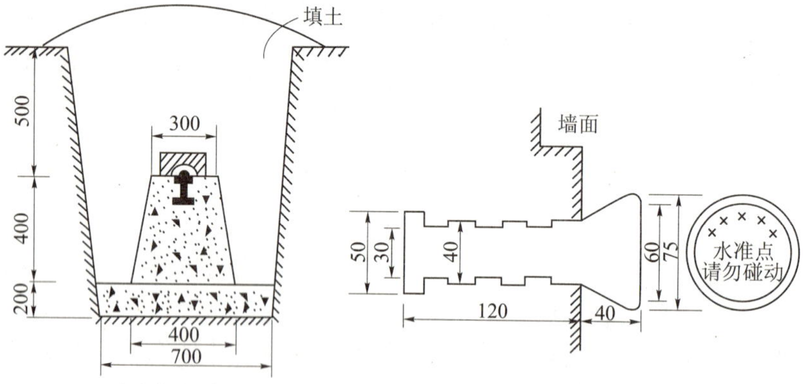

(a)永久点　　(b)临时点

图 2-1　永久性水准点、临时性水准点示意图　(单位:mm)

2.1.1.2　水准测量的方法

连续水准测量原因:当高程待定点离开已知点较远或高差较大时,仅安置一次仪器进行一个测站的工作就不能测出两点之间的高差。这时需要在两点间加设若干个临时立尺点,分段连续多次安置仪器来求得两点间的高差。这些临时加设的立尺点是作为传递高程用的,称为转点,一般用 TP 表示。水准测量原理如图 2-2 所示,图中 a 为后视尺读数,b 为前视尺读数,H_A 为已知点 A 的高程,H_B 为待定点 B 的高程,h_{AB}为两点之间的高差。

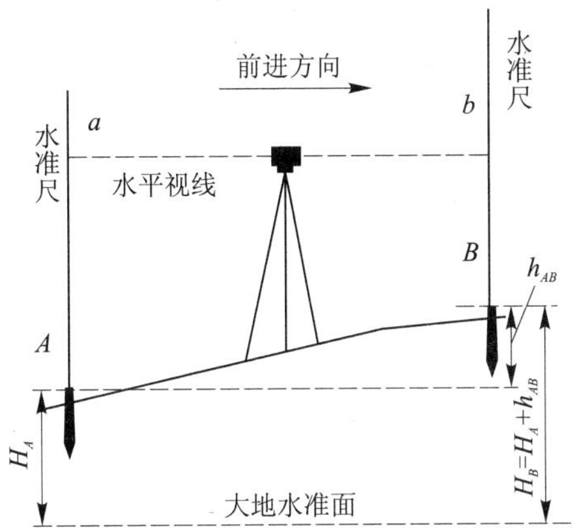

图 2-2　水准测量原理示意图

在第一测站上的观测过程如图 2-3 所示，其观测步骤如下：

(1) 安置仪器，使圆水准器气泡居中；

(2) 照准后视（A 点）尺，并转动微倾螺旋使水准管气泡精确居中，用中丝读后视尺读数 $a_1 = 2.036$。记录员复诵后记入手簿。

(3) 照准前视（即转点 TP_1）尺，精平，读前视尺读数 $b_1 = 1.547$。记录员复诵后记入手簿，并计算出 A 点与转点 TP_1 之间的高差：

$$h_1 = 2.036 - 1.547 = +0.489$$

填入高差栏。

观测要求：

(1) 水准仪安置在离前、后视距离大致相等之处。

(2) 为及时发现错误，通常采用两次仪器高法或双面尺法。

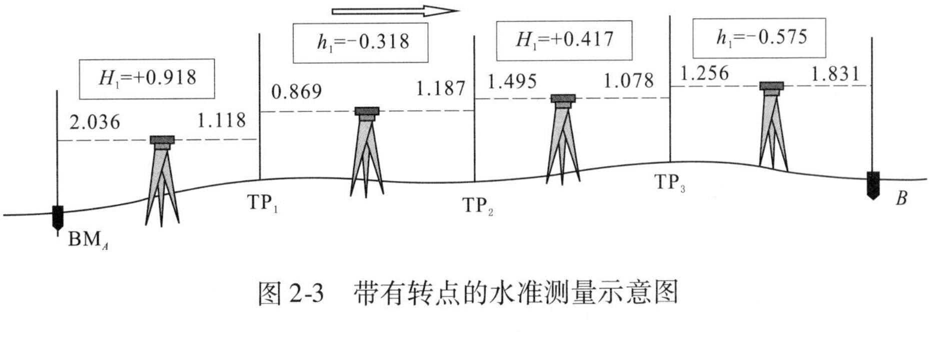

图 2-3　带有转点的水准测量示意图

2.1.1.3　水准测量注意事项

测量误差是不可避免的，且无法完全消除其影响。但是，可采取一定的措施减弱其影响，以提高测量成果的精度。同时，应绝对避免在测量成果中存在错误，因此在进行水准测量时，应注意以下各点：

(1) 观测前对所用仪器和工具，必须认真进行检验和校正。

(2) 在野外测量过程中，水准仪及水准尺应尽量安置在坚实的地面上。三脚架和尺垫要踩实，以防仪器和尺子下沉。

(3)前、后视距离应尽量相等,以消除视准轴不平行于水准管轴的误差和地球曲率与大气折光的影响。

(4)前、后视距离不宜太长,一般不要超过 100 m。视线高度应使上、中、下三丝都能在水准尺上读数以减少大气折光影响。

(5)水准尺必须扶直,不得倾斜。使用过程中,要经常检查和清除尺底泥土。塔尺衔接处要卡住,防止二、三节塔尺下滑。

(6)读完数后应再次检查气泡是否仍然吻合,否则应重读。

(7)记录员要复诵读数,以便核对。记录要整洁、清楚端正。如果有错,不能用橡皮擦去而应在改正处划一横,在旁边注上改正后的数字。

(8)在烈日下作业要撑伞遮住阳光避免气泡因受热不均而影响其稳定性。

2.1.1.4 水准测量的检核方法

1. 测站检核

为了确保观测高差正确无误,须对各测站的观测高差进行检核,这种检核称为测站检核。常用的检核方法有两次仪器高法和双面尺法两种。

1)两次仪器高法

两次仪器高法是在同一测站上用两次不同的仪器高度,两次测定高差。即测得第一次高差后,改变仪器高度约 10 cm 以上,再次测定高差。若两次测得的高差之差未超过 5 mm,则取其平均值作为该测站的观测高差,否则重测。

采用两次仪器高法的测量步骤:

(1)立尺,尺中间安置水准仪,粗平;

(2)照准后视尺,精平,读数;

(3)照准前视尺,精平,读数;

(4)计算高差;

(5)变动仪器高(升或降大于 10 cm)再观测;

(6)高差互差不超过 ±5 mm 时,取平均值。

2)双面尺法

双面尺法是在一测站上,仪器高度不变,分别用双面水准尺的黑面和红面两次测定高差。若两次测得高差之差未超过 5 mm,则取其平均值作为该测站的高差,否则需重测。

采用双面尺法(黑面、红面)的测量步骤:

(1)用双面尺,每尺均读黑、红面读数;

(2)立尺,尺中间安置水准仪,粗平;

(3)瞄准后视尺黑面,精平,读数;

(4)瞄准前视尺黑面,精平,读数;

(5)瞄准前视尺红面,精平,读数;

(6)瞄准后视尺红面,精平,读数。

应注意:黑面以零开始刻划;红面的一尺从 4 687 开始刻划,另一尺从 4 787 开始刻划;红黑面计算高差理论上相差 0.1 m。

2. 路线检核

虽然每一测站都进行了检核，但一条水准路线是否有错还是不能保证的。例如，在前、后视某一转点时，水准尺未放在同一点上，利用该转点计算的相邻两站的高差虽然精度符合要求，但这一条水准路线却含有错误，因此必须进行路线检核。水准路线检核方法一般有以下三种。

1）附合水准路线

水准路线从已知水准点 BM_1（起始点）出发，沿着待定点进行水准测量，最后测到已知水准点 BM_2（终点），如图 2-4（a）所示，这样的水准路线称为附合水准路线。

$$\sum h_{\text{理}} = H_{\text{终}} - H_{\text{始}} \tag{2-1}$$

式中：$\sum h_{\text{理}}$ 为附合水准路线理论高差之和；$H_{\text{始}}$、$H_{\text{终}}$ 分别为附合水准路线的起点和终点的高程。

实测的高差与已知高差一般不可能完全相等，其差值称为高差闭合差。

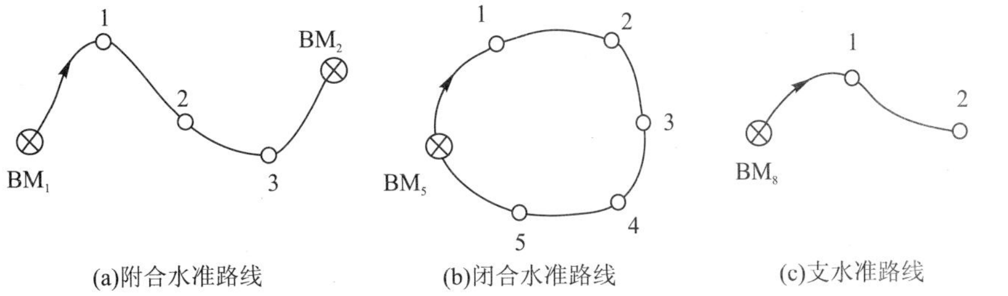

图 2-4　水准路线示意图

$$f_h = \sum h_{\text{测}} - (H_{\text{终}} - H_{\text{始}}) \tag{2-2}$$

式中：$\sum h_{\text{测}}$ 为实测高差之和。

2）闭合水准路线

由 BM_5 出发，沿环线进行水准测量，最后回到原水准点 BM_5 上，称为闭合水准路线。

路线上各点之间高差的代数和应等于零，即

$$\sum h_{\text{理}} = 0 \tag{2-3}$$

如不等于零，则高差闭合差为：

$$f_h = \sum h_{\text{测}} \tag{2-4}$$

3）支水准路线

由一水准点 BM_8 出发，既不附合到其他水准点上，也不自行闭合，称为支水准路线。支水准路线要进行往返观测，往测高差与返测高差观测值的代数和 $\sum h_{\text{往}} + \sum h_{\text{返}}$ 理论上应为零。如不等于零，则高差闭合差为：

$$f_h = \sum h_{\text{往}} + \sum h_{\text{返}} \tag{2-5}$$

2.1.1.5　水准测量的成果计算

1. 水准测量的精度要求

建筑工程中对水准测量的精度要求，一般规定为：

平地地区　　$f_{h\text{容}} = \pm 40\sqrt{l}$　（mm）　　(2-6)

山地 $$f_{h容} = \pm 12\sqrt{n} \quad (\text{mm}) \tag{2-7}$$

式中:$f_{h容}$为闭合差的容许值;l 为水准路线长度,以 km 为单位;n 为水准路线测站数。

当地形起伏较大,每 1 km 水准路线超过 16 个测站时,按山地计算容许闭合差。

2. 水准测量的计算步骤

计算步骤如下(以附合水准路线为例):

(1)按式(2-1)计算实测高差之和$\sum h_{测}$ 与理论高差之和$\sum h_{理}$。

(2)按式(2-2)计算高差闭合差。

(3)按式(2-6)或式(2-7)计算容许闭合差。如果 $|f_h| \leqslant |f_{h容}|$,则其精度符合要求,可做下一步计算。

(4)计算高差改正数。

高差闭合差的调整方法和原则:按与测站数或与距离成正比的分配原则,改正数的符号与闭合差的符号相反。

每一测站的改正数为:$\dfrac{-f_h}{\sum n_i}$,则各测段的改正数为:

$$v_i = -\frac{f_h}{\sum n_i} n_i \tag{2-8}$$

检核$\sum v = -f_h$。

(5)计算改正后高差 $h_{改}$。

各测段观测高差 h_i 分别加上相应的改正数 v_i 后,即得改正后高差:

$$h_{1改} = h_1 + v_1$$
$$h_{2改} = h_2 + v_2$$
$$\vdots$$
$$h_{i改} = h_i + v_i$$

改正后的高差代数和,应等于高差的理论值,即

$$\sum h_{总} = \sum h_{理}$$

如不相等,说明计算中存在错误。

(6)计算待定点高程。

测段起点高程加测段改正后高差,即得测段终点高程,依此类推。最后推出的终点高程应与该点的已知高程相等,即

$$H_1 = H_A + h_{1总}$$
$$H_2 = H_1 + h_{2总}$$
$$\vdots$$
$$H_A(\text{算}) = H_A(\text{已知})$$

计算中应注意各项检核的正确性。

2.1.2 经典案例

例题:闭合水准路线计算步骤类似于附合水准路线,以下例说明其计算步骤。

已知某闭合水准路线中的 BM_A 点的高程,以及线路中测站数及实测高差,则其余测

量成果计算步骤如下：

(1)计算实测高差之和$\sum h_{测} = -0.017$ m，理论高差$\sum h_{理} = 0$。

(2)计算高差闭合差：$f_h = \sum h_{测} - (H_{终} - H_{始}) = -0.017$ m。

(3)计算容许闭合差：$f_{h容} = \pm 12 \times \sqrt{32} = \pm 68$ (mm)。

因为$|f_h| \leq |f_{h容}|$，故其精度符合要求，可做下一步计算。

表 2-1 闭合水准路线测量成果计算

点号	测站 n_i(站)	实测高差 h_i(m)	高差改正数 v_i(m)	改正后高差 $h_{改}$(m)	高程 H(m)	备注
BM_A	11	-1.352	0.006	-1.346	51.732	已知点
1	8	2.158	0.004	2.162	50.386	
2	6	2.574	0.003	2.577	52.548	
3	7	-3.397	0.004	-3.393	55.125	
BM_A					51.732	已知点
$\sum$	32	-0.017	0.017	0		

(4)计算高差改正数。

高差闭合差的调整方法和原则与附合水准路线的方法一样。本例各测段改正数v_i计算如下：

$$v_1 = -(f_h/\sum n) \times n_1 = -(-17/32) \times 11 = 6(\text{mm}) = 0.006 \text{ m}$$

$$v_2 = -(f_h/\sum n) \times n_2 = -(-17/32) \times 8 = 4(\text{mm}) = 0.004 \text{ m}$$

$$\vdots$$

检核$\sum v = -f_h = 0.017$ m

计算结果如表 2-1 第 4 列所示。

(5)计算改正后高差$h_{改}$。

各测段观测高差h_i分别加上相应的改正数v_i后，即得改正后高差：

$$h_{1改} = h_1 + v_1 = -1.352 + 0.006 = -1.346(\text{m})$$

$$h_{2改} = h_2 + v_2 = 2.158 + 0.004 = 2.162(\text{m})$$

$$\vdots$$

$$h_{i改} = h_i + v_i$$

改正后的高差代数和，应等于高差的理论值 0，即$\sum h_{总} = 0$。

计算成果如表 2-1 第 5 列所示。

如不相等，说明计算中存在错误。

(6)待定点高程计算。

测段起点高程加测段改正后高差，即得测段终点高程，以此类推。最后推出的终点高程应与起始点的高程相等，即

$$H_1 = H_A + h_{1总} = 51.732 - 1.346 = 50.386(\mathrm{m})$$

$$H_2 = H_1 + h_{2总} = 50.386 + 2.162 = 52.548(\mathrm{m})$$

$$\vdots$$

$$H_A(算) = H_A(已知) = 51.732\ \mathrm{m}$$

计算结果如表2-1第6列所示。计算中应注意各项检核的正确性。

2.1.3 任务实施

(1)训练目的：

①掌握水准路线测量的观测、记录方法。

②熟练掌握水准仪的使用。

(2)训练场地：学校校园内。

(3)操作时间：30 min。

(4)使用仪器：DS3型水准仪。

(5)已知数据：已知起点高程为95.823 m。

(6)训练内容：

①每组确定起始点及水准路线的前进方向，如 $A \to B \to C \to \cdots\cdots$

②在起始点 A 和待定点 B 分别立水准尺，在距该两点大致等距离处安置水准仪，照准 A 点水准尺，消除视差、精平后读取后视读数 a'_1；同法照准待定点 B 水准尺，读取前视读数 b'_1，分别记录并计算其高差 h'_1。

③将 A 点水准尺立于待定点 C，同上法读取待定点 B 后视读数及待定点 C 前视读数，计算平均高差 h_2。

④同法继续进行。

(7)训练要求：

①仪器的安置位置应保持前、后视距离大致相等。每次读数前应保证精平及消除视差。

②立尺员要立直水准尺。起始点和待定点不能放尺垫，其间若需加设转点，转点可放尺垫。各测站读完后视读数而未读前视读数，仪器不能动；各测点读完前视读数而未读后视读数，尺垫不能动。

[**训练实例**]训练时，在校园内任意选点布设水准路线，根据已知点数据测出所有未知点高程。并填写水准路线测量记录表，见表2-2。

表 2-2　水准路线测量记录表

线路名称:______________　仪器型号:______________　测量者:______________

记录者:______________　时间:______________　天气:__________　组别:__________

测站	测点	水准尺读数						高差(m)		高程（m）	备注
		后视(mm)			前视(mm)			+	−		
		上	下	中	上	下	中				
1	*A*									95.823	*A* 点高程已知
	B										
2	*B*										
	C										
3	*C*										
	D										
4	*D*										
	E										
5	*E*										
	F										
6	*F*										
	G										
7	*G*										
	H										
校核计算		$\sum a =$			$\sum b =$			$\sum h =$		$H_{终} - H_{始} =$	
		$\sum a - \sum b =$									

2.1.4 任务评价

项目部＿＿＿＿＿ **学号**＿＿＿＿＿ **学生**＿＿＿＿＿ **成绩**＿＿＿＿＿

<table>
<tr><td>工作项目</td><td colspan="2"></td><td colspan="2">实训日期</td><td>计划学时</td></tr>
<tr><td>工作内容</td><td colspan="2"></td><td colspan="2"></td><td></td></tr>
<tr><td>教学方法</td><td colspan="5">任务驱动(理论+实践)</td></tr>
<tr><td rowspan="2">工作目标</td><td colspan="2">知识</td><td colspan="2">能力</td><td>素质</td></tr>
<tr><td colspan="2">努力掌握普通水准测量的方法;
能够正确的计算两点间的高差值</td><td colspan="2">熟练的使用和操作水准仪;
进行水准测量外业观测和内业计算</td><td>认真、求实、合作精神</td></tr>
<tr><td>工作重点及难点</td><td colspan="5"></td></tr>
<tr><td>工作任务</td><td></td><td></td><td></td><td></td><td></td></tr>
<tr><td>工作成果</td><td></td><td></td><td></td><td></td><td></td></tr>
<tr><td>评价标准</td><td>A. 很积极主动,团队合作很好;
B. 积极主动,团队合作好;
C. 较积极主动,团队合作尚好;
D. 不主动,合作尚好;
E. 不主动,合作差</td><td>A. 内容全面,目标合理;
B. 内容全面,目标较合理;
C. 内容基本正确;
D. 内容不正确;
E. 无内容</td><td>A. 方法应用很正确;
B. 方法正确;
C. 方法基本正确;
D. 方法不正确;
E. 无方法</td><td>A. 形式美观,有特色;
B. 形式美观;
C. 形式合理;
D. 形式尚合理;
E. 形式不合理</td><td>综合</td></tr>
<tr><td>学生自评</td><td></td><td></td><td></td><td></td><td></td></tr>
<tr><td>学生互评</td><td></td><td></td><td></td><td></td><td></td></tr>
<tr><td>教师评价</td><td></td><td></td><td></td><td></td><td></td></tr>
<tr><td>任务评价</td><td colspan="5">学生自评(0.2)+学生互评(0.3)+教师评价(0.5)</td></tr>
<tr><td colspan="6">A. 90~100 分　B. 80~89 分　C. 70~79 分　D. 60~69 分　E. 60 分以下</td></tr>
</table>

2.1.5 推荐阅读书目

[1]《工程测量》,周建郑主编,黄河水利出版社,2010。

[2]《工程测量》,张仁主编,水利水电出版社,2014。

[3]《工程测量技术》,唐保华主编,中国电力出版社,2007。

任务 2.2　角度测量实训指导

【学习任务】

(1)熟练的使用和操作经纬仪;

(2)进行水平角、竖直角测量。

【学习目标】

(1)掌握测回法和全圆测回法测角的方法;

(2)正确的计算水平角值和竖直角。

2.2.1　相关知识

2.2.1.1　角度测量原理

角度测量包括水平角测量和竖直角测量。

1.水平角定义

如图 2-5 所示,从一点出发的两空间直线在水平面上投影的夹角即二面角,称为水平角。其范围为:顺时针 0°~360°。

2.竖直角定义

在同一竖直面内,目标视线与水平线的夹角称为竖直角。其范围为 0°~±90°。如图 2-6所示,当视线位于水平线之上,竖直角为正,称为仰角;反之,当视线位于水平线之下,竖直角为负,称为俯角。

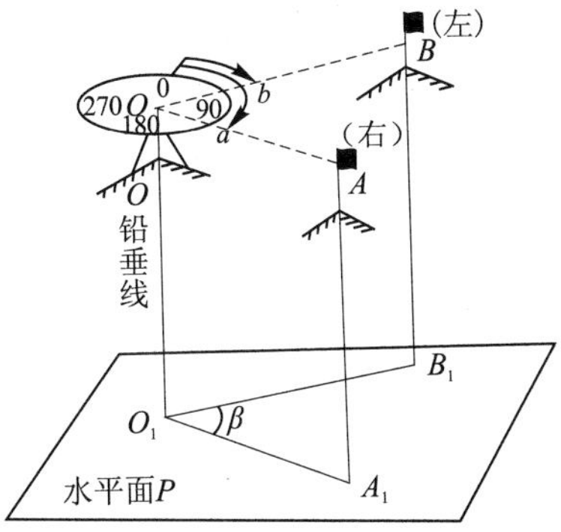

2-5　水平角测量示意图

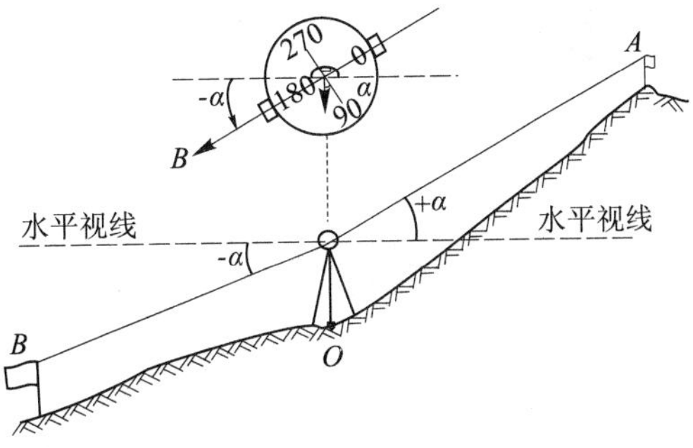

图 2-6　竖直角测量示意图

2.2.1.2　光学经纬仪

经纬仪是测量角度的仪器。按其精度分,有 DJ6、DJ2 两种。表示一测回方向观测中误差分别为 6″、2″。

1.DJ6 光学经纬仪的构造

DJ6 光学经纬仪的外形如图 2-7 所示。经纬仪由照准部、水平度盘和基座三大部分组成。

2.DJ6 的读数方法

DJ6 经纬仪采用分微尺测微器读数法,分微尺的分划值为 1′,估读到 0.1′(即 6″)。

如图 2-8 所示，水平度盘读数为 73°04′24″。

图 2-7　DJ6 光学经纬仪

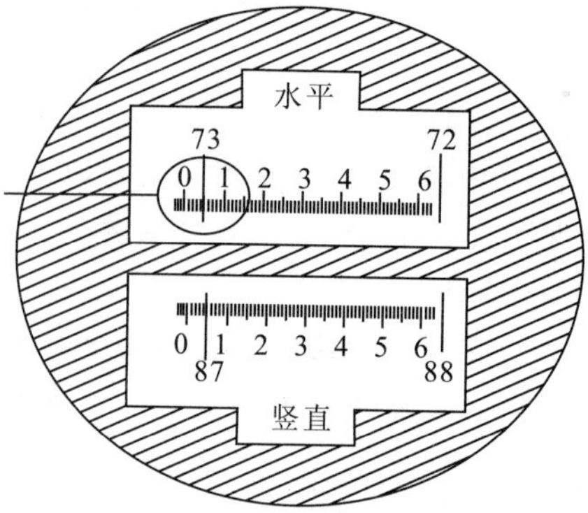

图 2-8　经纬仪读数窗示意图

上部“水平”读数用“H”表示，下部“竖直”读数用“V”表示。

3. 经纬仪的安置

经纬仪安置的内容及要求：

(1)对中时，仪器中心铅垂线与地面标志物的偏离不超过 ±3 mm。

(2)整平时，管水准气泡偏离管水准器中心不得超过 1 格。

1)垂球对中整平法步骤

(1)移动或伸缩三脚架(粗略对中)。

(2)脚架头上移动仪器(精确对中)。

(3)旋转脚螺旋使水准管气泡居中(整平)。

(4)重复(2)、(3)两步。

2)光学对中整平法步骤

(1)大致水平对中。

眼睛看着对中器，拖动三脚架 2 个脚，使仪器大致对中，并保持“架头”大致水平。

(2)伸缩脚架粗平。

根据气泡位置，伸缩三脚架 2 个脚，使圆水准气泡居中。

(3)旋转三个脚螺旋精平。

按“左手大拇指法则”旋转三个脚螺旋，使水准管气泡居中：

①转动仪器，使水准管与 1、2 脚螺旋连线平行。

②根据气泡位置运用法则，对向旋转 1、2 脚螺旋。

③转动仪器 90°，运用法则，旋转 3 脚螺旋。

④架头上移动仪器，精确对中。

⑤脚螺旋精平。

⑥重复④、⑤两步。

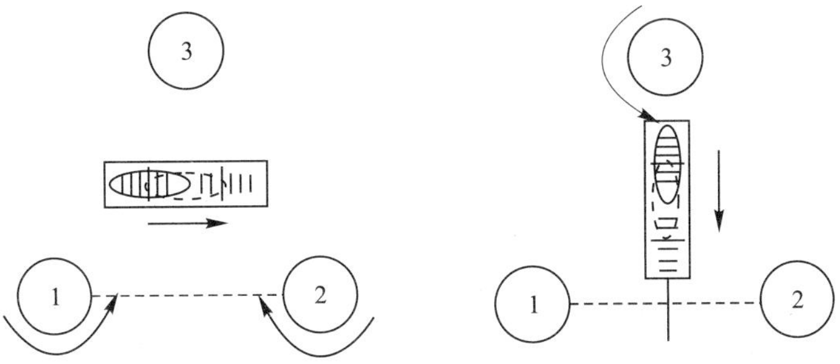

(a)气泡居中，1、2等高　　(b)气泡居中，3与1、2等高

图 2-9　旋转三个脚螺旋进行精平的示意图

2.2.1.3　水平角测量

水平角的测量方法常用的有测回法、方向观测法。

1. 瞄准方法

步骤:粗瞄—制动—调焦—微动精瞄。

两个基本概念:

(1)盘左(正镜),照准部竖盘在望远镜的左侧。

(2)盘右(倒镜),照准部竖盘在望远镜的右侧。

2. 测回法

(1)适用:两个方向的单角(如图 2-10 所示 $\angle AOB$)。

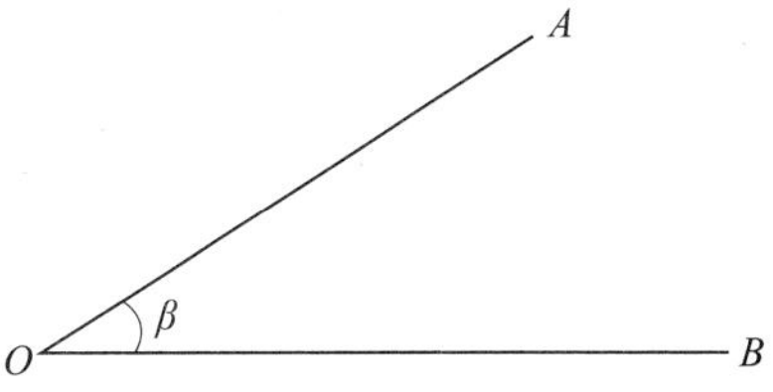

图 2-10　单角示意图

(2)观测步骤:

①盘左瞄准左边 A,配度盘至 $0°0X'$,读取 a_1。

②顺时针旋转瞄准右边 B,读取 b_1,则上半测回角值 $\beta_1=b_1-a_1$。

③倒镜成盘右,瞄准右边 B,读取 b_2。

④逆时针旋转瞄准左边 A,读取 a_2,则下半测回角值 $\beta_2=b_2-a_2$。

⑤计算角值。若 $\beta_1-\beta_2\leqslant\pm40''$(图根级),则有 $\beta=(\beta_1+\beta_2)/2$。

(3)记录表格,如表 2-3 所示。

表 2-3　经纬仪测回法测角记录表格

测站	盘位	目标	水平度盘读数(° ′ ″)	半测回角值(° ′ ″)	一测回角值(° ′ ″)	备注
O	左	A	00 01 12	70 12 36	70 12 33	
		B	70 13 48			
	右	A	180 01 24	70 12 30		
		B	250 13 54			

若要观测 n 个测回,为减少度盘分划误差,各测回间应按 $180°/n$ 的差值来配置水平

度盘。

测回法测水平角方法,可小结如下:

盘左左边 $A \xrightarrow{\text{顺时针}}$ 右边 $B \xrightarrow{\text{倒镜}}$ 盘右右边 $B \xrightarrow{\text{逆时针}}$ 左边 A

3. 方向观测法

(1)适用:在一个测站上需要观测两个以上方向。

(2)如图 2-11 所示,有四个观测方向,观测步骤如下:

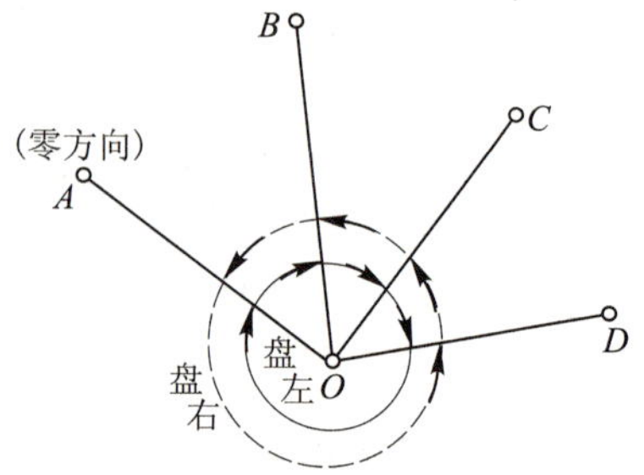

图 2-11

①上半测回:选择一明显目标 A 作为起始方向(零方向),用盘左瞄准 A,配置度盘,顺时针依次观测 A、B、C、D、A。

②下半测回:倒镜成盘右,逆时针依次观测 A、D、C、B、A。

同理,各测回间按 $180°/n$ 的差值来配置水平度盘。

(3)记录、计算。

①两倍照准误差 $2C$ 值(C 为照准同一个目标点所产生的视差):

$$2C = \text{盘左读数} - (\text{盘右读数} \pm 180°)$$

一测回内 $2C$ 互差,对 J2 型经纬仪≤18″;对 J6 型经纬仪不作要求。

②半测回归零差:对 J2 型经纬仪≤12″;对 J6 型经纬仪≤18″。

③各方向盘左、盘右读数的平均值:

$$\text{平均值} = [\text{盘左读数} + (\text{盘右读数} \pm 180°)]/2$$

注意:零方向观测两次,应将平均值再取平均。

④归零方向值:将各方向平均值分别减去零方向平均值,即得各方向归零方向值。

⑤各测回归零方向值的平均值:同一方向值各测回间互差,对 J2 型经纬仪≤12″;对 J6 型经纬仪≤24″。

方向观测法可小结如下:

盘左顺时针 $ABCDA \xrightarrow{\text{倒镜}}$ 盘右逆时针 $ADCBA$

2.2.1.4 竖直角测量

1. 竖直度盘的构造

竖直度盘的构造包括竖盘、竖盘指标水准管、竖盘指标水准管微动螺旋。

其中,竖盘指标水准管和竖盘指标水准管微动螺旋,可采用竖盘指标自动归零补偿器来替代。

指标线固定不动,而整个竖盘随望远镜一起转动。

竖盘的注记形式有顺时针与逆时针两种。

(1)顺时针注记形式。

如图 2-12 所示,竖直角的计算公式为:

$$\alpha_{左} = 90° - L, \qquad \alpha_{右} = R - 270°$$

一测回竖直角 $\alpha = (\alpha_{左} + \alpha_{右})/2$

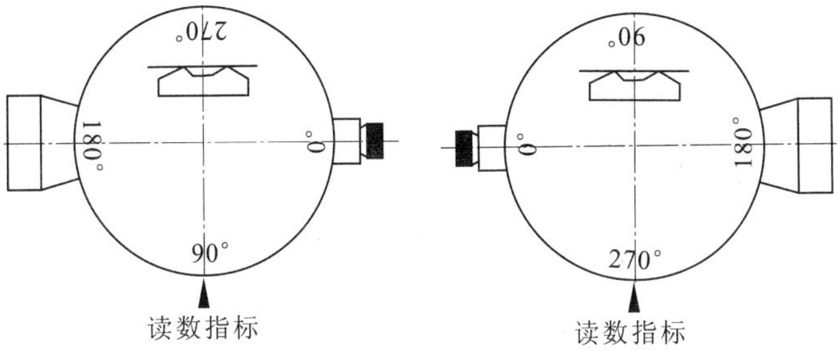

图 2-12　顺时针注记形式

(2)逆时针注记形式。

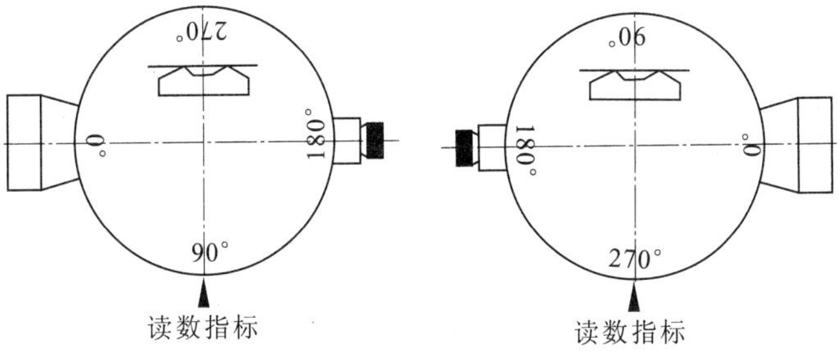

图 2-13　逆时针注记形式

如图 2-13 所示,竖直角计算公式为:

$$\alpha_{左} = L - 90°, \qquad \alpha_{右} = 270° - R$$

一测回的竖直角为: $\alpha = (\alpha_{左} + \alpha_{右})/2$

2. 竖盘指标差

1)定义

由于指标线偏移,当视线水平时,竖盘读数不是恰好等于 90°或 270°上,而是与 90°或 270°相差一个 x 角,称为竖盘指标差。当偏移方向与竖盘注记增加方向一致时,x 为正,反之为负。

2)计算公式

(1)指标差: $x = (L + R - 360°)/2$

对于顺时针注记:

正确的竖直角 $\alpha = (90° + x) - L = \alpha_{左} + x$

$$\alpha = R - (270° + x) = \alpha_{右} - x$$

(2)结论：取盘左盘右的平均值，可消除指标差的影响。

竖直角的观测及记录格式见表 2-4。

一般规范规定，指标差变动范围，J6 型经纬仪≤25″、J2 型经纬仪≤15″。

表 2-4

测站	目标	盘位	竖盘读数 (° ′ ″)	半测回竖直角 (° ′ ″)	指标差 (″)	一个测回竖直角 (° ′ ″)	备注
O	*M*	左	76 45 12	13 14 48	-6	13 14 42	竖直度盘是顺时针注记的
		右	283 14 36	13 14 36			
	N	左	122 03 36	-32 03 36	12	-32 03 24	
		右	237 56 48	-32 03 12			

2.2.2 任务实施

(1)训练目的：

①了解 DJ6 型光学经纬仪各主要部件的名称和作用。

②练习经纬仪对中、整平、瞄准和读数的方法，掌握基本操作要领。

(2)训练场地：学校实训中心。

(3)操作时间：40 min。

(4)使用仪器：DJ6 经纬仪。

(5)已知数据：三角形内角和为 180°。

(6)训练内容：在校园内选择一控制点做测站点，距测站点约 80 m 长的场地上选择另两个放置观测标志，用 DJ6 经纬仪按要求分别测量其水平角一测回。然后，再一次测出另外两个角的大小，验证三角形内角和是否为 180°，来验证测量角度的准确性。

(7)训练要求

①用测回法测角。

②测出三个内角，验证三角形的内角和。

③要求对中误差小于 3 mm，整平误差小于一格。

④掌握测回法观测水平角的观测顺序、记录和计算方法。上、下半测回角值互差不超过 ±40″。

[**训练实例**]训练时，现场任意选三点插入测钎，测出所组成三角形的各个内角，记录表格如表 2-5 所示。

表 2-5　测回法记录手簿

测站	盘位	目标	水平度盘读数	半测回角值	一测回角值	各测回平均值

2.2.3　任务评价

项目部＿＿＿＿＿　**学号**＿＿＿＿＿　**学生**＿＿＿＿＿　**成绩**＿＿＿＿＿

<table>
<tr><td>工作项目</td><td colspan="2"></td><td colspan="2">实训日期</td><td>计划学时</td></tr>
<tr><td>工作内容</td><td colspan="2"></td><td colspan="2"></td><td></td></tr>
<tr><td>教学方法</td><td colspan="5">任务驱动(理论＋实践)</td></tr>
<tr><td rowspan="2">工作目标</td><td colspan="2">知识</td><td colspan="2">能力</td><td>素质</td></tr>
<tr><td colspan="2">掌握测回法和全圆测回法测角的方法；
正确的计算水平角值和竖直角</td><td colspan="2">熟练地使用和操作经纬仪；
进行水平角测量、竖直角测量</td><td>认真、求实、合作精神</td></tr>
<tr><td>工作重点及难点</td><td colspan="5"></td></tr>
<tr><td>工作任务</td><td></td><td></td><td></td><td></td><td></td></tr>
<tr><td>工作成果</td><td></td><td></td><td></td><td></td><td></td></tr>
<tr><td>评价标准</td><td>A.很积极主动，团队合作很好；
B.积极主动，团队合作好；
C.较积极主动，团队合作尚好；
D.不主动，合作尚好；
E.不主动，合作差</td><td>A.内容全面，目标合理；
B.内容全面，目标较合理；
C.内容基本正确；
D.内容不正确；
E.无内容</td><td>A.方法应用很正确；
B.方法正确；
C.方法基本正确；
D.方法不正确；
E.无方法</td><td>A.形式美观，有特色；
B.形式美观；
C.形式合理；
D.形式尚合理；
E.形式不合理</td><td>综合</td></tr>
<tr><td>学生自评</td><td></td><td></td><td></td><td></td><td></td></tr>
<tr><td>学生互评</td><td></td><td></td><td></td><td></td><td></td></tr>
<tr><td>教师评价</td><td></td><td></td><td></td><td></td><td></td></tr>
<tr><td>任务评价</td><td colspan="5">学生自评(0.2)＋学生互评(0.3)＋教师评价(0.5)</td></tr>
<tr><td colspan="6">A.90～100分　B.80～89分　C.70～79分　D.60～69分　E.60分以下</td></tr>
</table>

2.2.4　推荐阅读书目

[1]《工程测量》，周建郑主编，黄河水利出版社，2010。

[2]《工程测量》，张仁主编，水利水电出版社，2014。

[3]《工程测量技术》，唐保华主编，中国电力出版社，2007。

任务2.3　距离测量与直线定向实训指导

【学习任务】

(1)运用钢尺进行距离测量；

(2)运用视距尺进行视距测量；

(3)正确的使用全站仪进行距离测量。

【学习目标】

(1)掌握多种距离测量的方法和步骤；

(2)掌握直线定向的方法。

2.3.1　相关知识

2.3.1.1　钢尺量距

1.距离测量概述

距离测量:确定空间两点在某基准面(参考椭球面或水平面)上的投影长度,就小范围而言,在水平面上的投影长度即水平距离。

距离测量的方法如下:

(1)视距测量:测距精度一般为1/200～1/300。

(2)钢尺量距:其精度一般为1/1 000至几万分之一。

(3)电磁波测距:其精度在几千分之一到几十万分之一。

2.钢尺量距的工具

钢尺量距的工具:钢尺、标杆、测钎、垂球、拉力计等。

钢尺的种类如下:

(1)按形状来分,有线尺和带尺。

(2)按长度来分,有20 m、30 m和50 m等规格。

(3)按零刻划的位置来分包括:

①端点尺:钢尺起始端金属环的顶部为钢尺的零点,如图2-14(a)所示。

②刻线尺:钢尺的零点在钢尺起始端进来一段后的零刻划位置,如图2-14(b)所示。

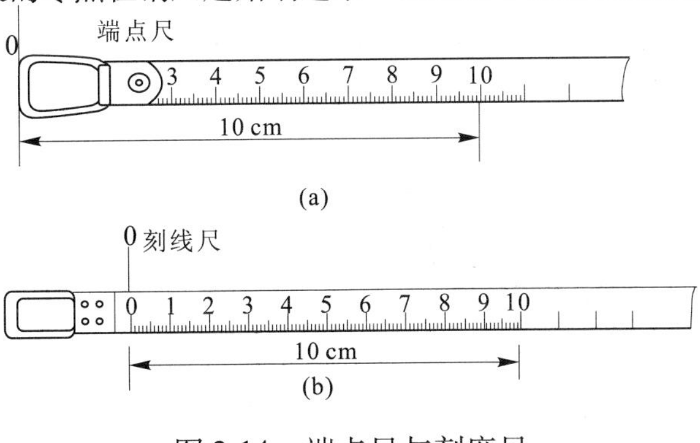

图2-14　端点尺与刻度尺

3. 钢尺量距的步骤

1）直线定线

当距离较长时，一般要分段丈量。直线定线要在直线方向上设立若干标记点，分成若干尺段，以便分段丈量。标记点常用花杆、测钎或钉木桩。

直线定线的方法包括目估法和经纬仪法定线。

（1）目估法。

目估法定线由远而近，三点一线；如图 2-15 所示，在 *A*、*B* 两点上各竖立一根花杆。观测者位于 *A* 点之后单眼目估 *AB* 视线，指挥中间持花杆者左右移动花杆至直线上定点。此法多用于普通精度的钢尺量距。

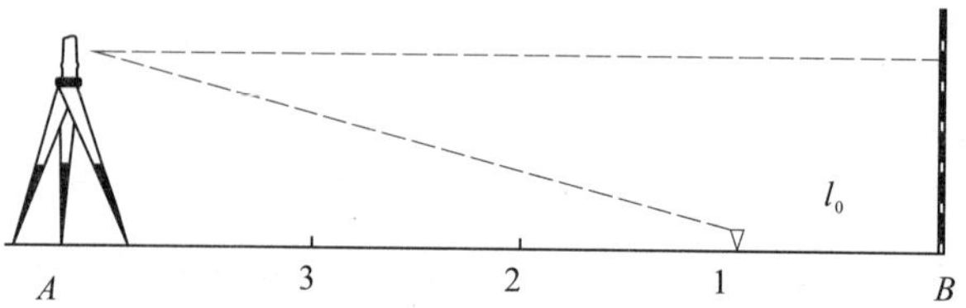

图 2-15　目估法定线

（2）经纬仪法定线。

经纬仪法定线即在一点上安置经纬仪，用经纬仪照准另一点，固定照准部，然后望远镜往下打，指挥另一人在视线上定点。此法可用于一般量距和精密钢尺量距。

2）距离丈量

距离丈量包括一般量距方法和精密量距方法。

a. 一般量距法

适用条件：当量距精度要求为 1/2 000 ~ 1/3 000 时采用。

定线方法：目估法或经纬仪法。

当地面平坦时，可将钢尺拉平，直接量测水平距离；对于倾斜地面，一般采用“平量法”；当地面两点之间坡度均匀时，也可采用“斜量法”。

（1）平坦地面的距离丈量。

在地面平坦量距时，可将钢尺拉平、拉直、用力均匀，并整尺段地丈量，要进行往返丈量，如图 2-16 所示。

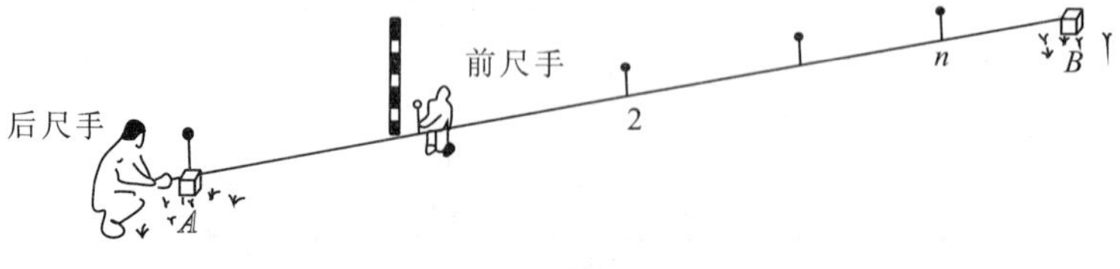

图 2-16　平坦地面的距离丈量

测量成果的计算与精度评定：

往返测量结果分别为：

$$D_{往}=n_1+q,\qquad D_{返}=n_1+q'$$

式中：n 为整尺长测段数；l 为整尺段尺长；q 为往测丈量的零尺段长；q'为返测丈量的零尺段长。

相对较差为：

$$K=\frac{\left|D_{往}-D_{返}\right|}{D_{均}}=\frac{1}{m} \tag{2-9}$$

在平坦地区，钢尺量距一般方法的相对误差一般不应大于 1/3 000；在量距较困难的地区，其相对误差也不应大于 1/1 000。

(2)倾斜地面的平量法。

当地面倾斜时可将钢尺拉平，用垂球在地面投点(与定线结合)，如图 2-17 所示。

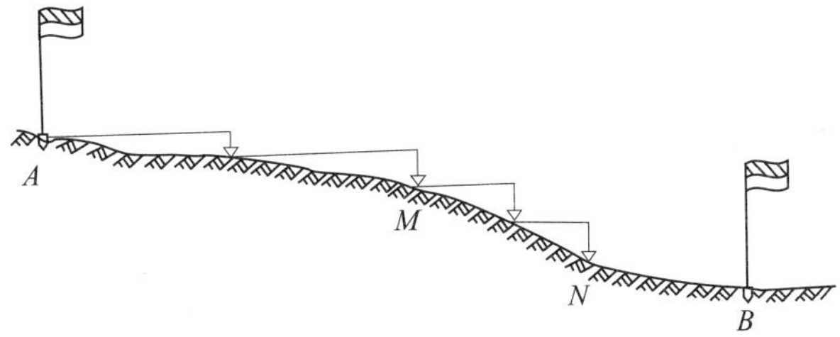

图 2-17　倾斜地面的平量法

若地面较陡，每一尺段可平量多次，如图 2-18 所示。

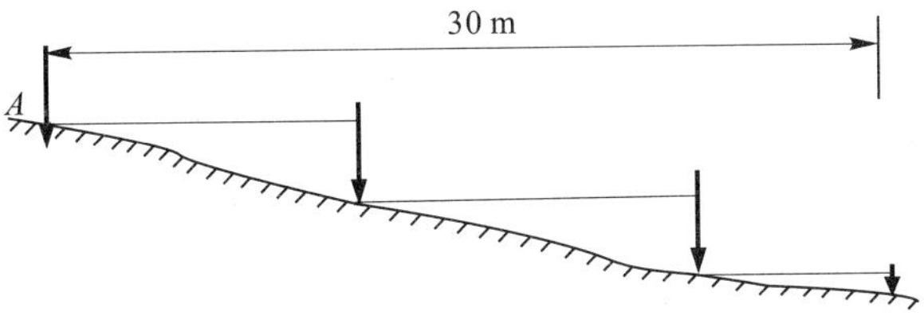

图 2-18　多次平量法

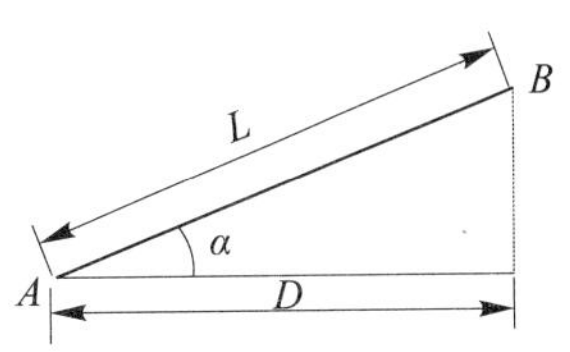

图 2-19　坡度均匀地面斜量法

(3)坡度均匀地面的斜量法。

当地面倾斜且坡度均匀时，可量斜距 L 和地面倾角 α 见图 2-19，求出平距 D，即$D=L\cos\alpha$。

注意：一般量距均需往返丈量和精度评定。

b. 精密量距法

本书主要偏向于实际操作，故精密量距法在此不作介绍。

2.3.1.2　视距测量

普通视距测量的精度一般为 1/200～1/300，但由于操作简便，不受地形起伏限制，可同时测定距离和高差，被广泛用于测距精度要求不高的地形测量中。

进行视距测量，要用到视距丝和视距尺，见图 2-20。

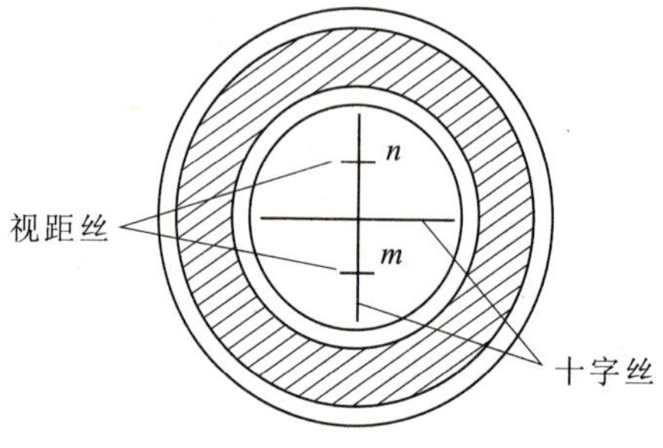

图 2-20　视距丝、十字丝示意图

视距丝：即望远镜内十字丝分划板上的上下两根短丝，它与中丝平行且等距离。

视距尺：是有刻划的尺子，和水准尺基本相同。

(1)视线水平时的水平距离和高差公式：

$$D = d + f + \delta = \frac{f}{p}l + f + \delta \tag{2-10}$$

令 $k = \frac{f}{P}$，$c = f + d$，则有

$$D = Kl + c \tag{2-11}$$

式中：K 为视距乘常数，通常 $K = 100$；c 为视距加常数，常数 c 值接近零。

故水平距离为：

$$D = Kl = 100l \tag{2-12}$$

A、B 两点间的高差 h 为：

$$h = i - v \tag{2-13}$$

式中：i 为仪器高，m；v 为十字丝中丝在视距尺上的读数，即中丝读数，m。

(2)视线倾斜时水平距离的计算公式为：

$$D = K\,l\cos^2\alpha \tag{2-14}$$

视线倾斜时高差的计算公式为：

$$h = \frac{1}{2}Kl\sin 2\alpha + i - v \tag{2-15}$$

2.3.1.3　光电测距

电磁波测距仪是用电磁波(光波或微波)作为载波传输测距信号以测量两点间距离的一种方法。

1. 测距仪的分类

1)按光源分类

红外光源：采用砷化镓发光二极管发出不可见的红外光，目前工程测量中所使用的短

程测距仪大都采用此光源。

激光光源：采用固体激光器、气体激光器或半导体激光器发出的方向性强、亮度高、相干性好的激光作光源，一般用于中远程测距仪上。

2）按测程分类

短程光电测距仪：测程小于 3 km，用于工程测量。

中程光电测距仪：测程为 3 ~ 15 km，通常用于一般等级控制测量。

远程光电测距仪：测程大于 15 km，通常用于国家三角网及特级导线。

3）按测距经度分类

光电测距仪精度，可按 1 km 测距中误差，划分为 3 级：

Ⅰ级：$m_D \leq 5$ mm；

Ⅱ级：5 mm $< m_D \leq 10$ mm；

Ⅲ级：10 mm $< m_D \leq 20$ mm。

其中，m_D 为每千米测距中误差。

2. 电磁波测距仪的优点

(1)测程远、精度高。

(2)受地形限制少。

(3)作业快、工作强度低。

工程测量中应用较多的是短程红外光电测距仪。

3. 测距仪使用注意事项

(1)防止日晒雨淋，在仪器使用和运输中应注意防震。

(2)严防阳光及强光直射物镜，以免损坏光电器件。

(3)仪器长期不用时，应将电池取出。

(4)测线应离开地面障碍物一定高度，避免通过发热体和较宽水面上空，避开强电磁场干扰的地方。

(5)镜站的后面不应有反光镜和强光源等背景干扰。

(6)应在大气条件比较稳定和通视良好的条件下观测。

2.3.1.4 直线定向

1. 直线定向的概念

测定直线与标准方向间的水平角度的工作称为直线定向。

2. 标准方向的种类

标准方向有三种：真子午线方向（真北）、磁子午线方向（磁北）、坐标纵轴方向（坐标北）。

3. 直线定向的方法

1）方位角定义

从直线起点的标准方向北端起，顺时针方向量至直线的水平夹角，称为该直线的方位角；其角值范围为 0°～360°。

2）方位角分类

标准方向：
- 真子午线方向→真方位角（A）
- 磁子午线方向→磁方位角（Am）
- 坐标纵轴方向→坐标方位角（α）

4. 正、反方位角及其相互关系

正方位角：由直线起点所确定的方位角。

反方位角：由直线终点所确定的方位角。

正、反方位角的关系：$\alpha_{反} = \alpha_{正} \pm 180°$

如图 2-21 所示，推算正反方位角之间的关系，即

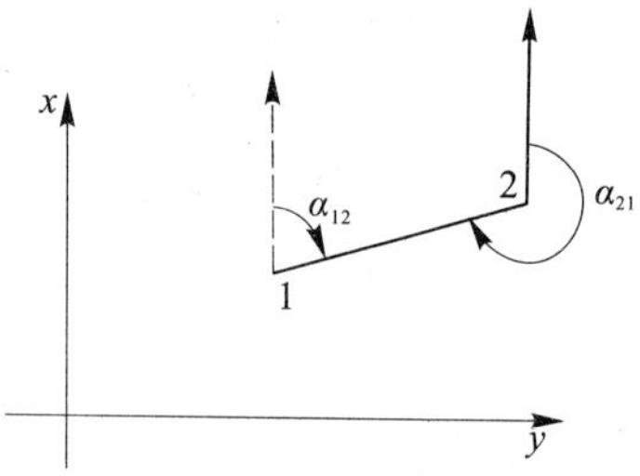

图 2-21　方位角推算

$$\alpha_{21} = \alpha_{12} + 180°$$

$$\alpha_{12} = \alpha_{21} - 180°$$

坐标方位角的传递：如图 2-22 所示，α_{12}已知，通过连测求得 12 边与 23 边的连接角为 β_2（右角）、23 边与 34 边的连接角为 β_3（左角），现推算 α_{23}、α_{34}。

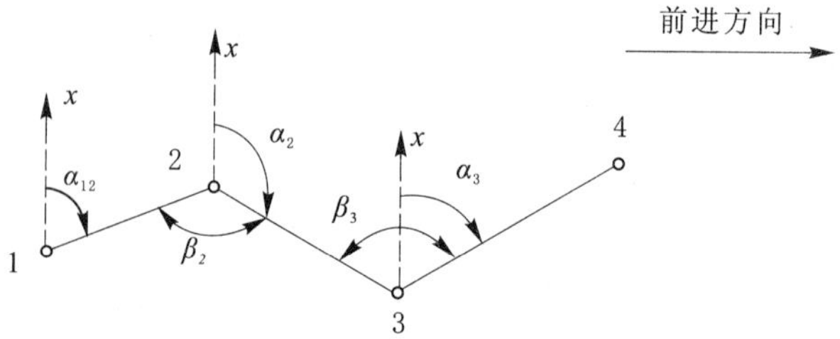

图 2-22

由图 2-23 中分析可知：

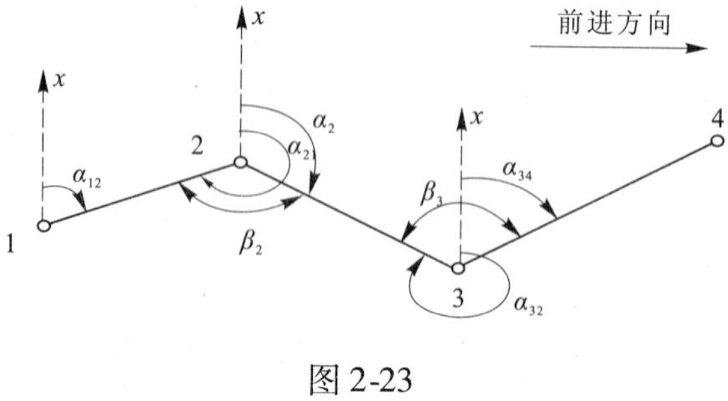

图 2-23

$$\alpha_{23} = \alpha_{21} - \beta_2 = \alpha_{12} + 180° - \beta_2 \tag{2-16}$$

$$\alpha_{34} = \alpha_{32} + \beta_3 = \alpha_{23} + 180° + \beta_3 \tag{2-17}$$

推算坐标方位角的通用公式：

$$\alpha_{前} = \alpha_{后} + 180° \pm \beta^{左}_{右} \tag{2-18}$$

当 β 角为左角时，取“+”；当 β 为右角时，取“−”。

注意：计算中，若 $\alpha_{前} > 360°$，减 360°；若 $\alpha_{前} < 0°$，加 360°。

5. 象限角

1) 象限角定义

标准方向线的北端或南端与直线所夹的锐角称象限角。取值范围为 0°～90°。

象限角分类，分为真象限角、磁象限角、坐标象限角。

同样，也有正反象限角之分。

如图 2-24 所示，以角值前加上直线所在的象限的方位来表示，例如，OA 直线的象限角 R_{OA} = 北东 51°50′（或 NE51°50′）。

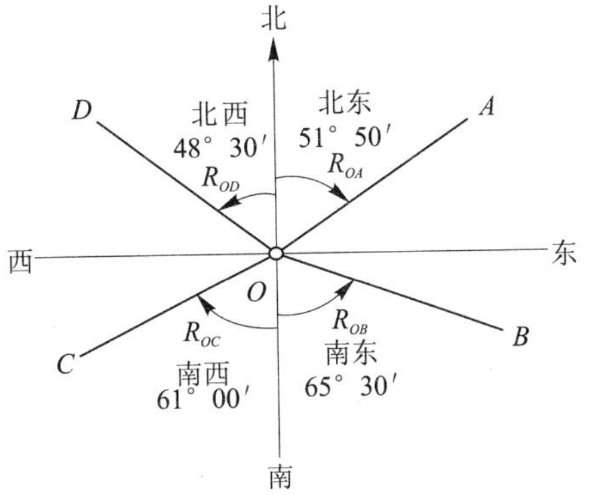

图 2-24

2) 坐标方位角与象限角的换算关系

坐标方位角与象限的换算关系如图 2-25 所示。

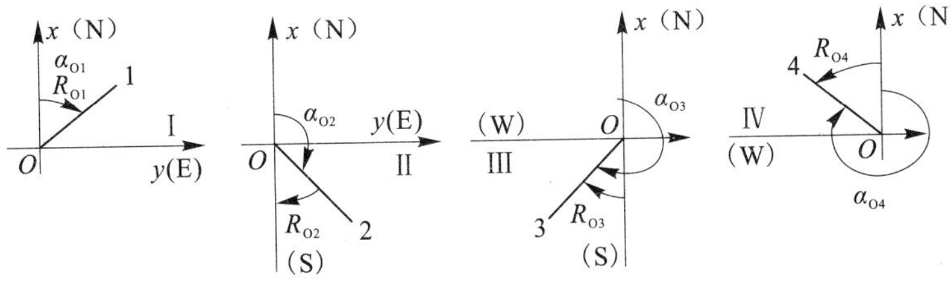

图 2-25

在第Ⅰ象限：$$R = \alpha \tag{2-19}$$

在第Ⅱ象限：$$R = 180° - \alpha \tag{2-20}$$

在第Ⅲ象限：$$R = \alpha - 180° \tag{2-21}$$

在第Ⅳ象限：$$R = 360° - \alpha \tag{2-22}$$

2.3.2 经典案例

例题：已知 $\alpha_{12} = 46°$，β_2、β_3 及 β_4 的角值均注于图 2-26 上，试求其余各边坐标方位角。

解：$\alpha_{23} = \alpha_{12} + 180° - \beta_2 = 46° + 180° - 125°10' = 100°50'$

$$\alpha_{34} = \alpha_{23} + 180° + \beta_3 = 100°50' + 180° + 136°30' = 417°20' > 360°$$

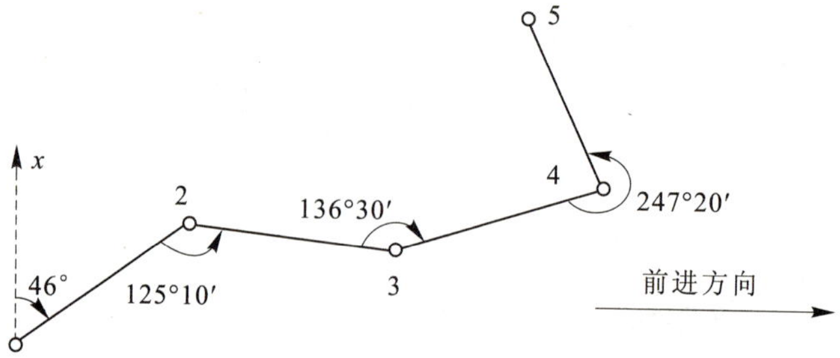

图 2-26

$$\alpha_{45} = \alpha_{34} + 180° - \beta_4 = 57°20' + 180° - 247°20' = -10° < 0°$$

2.3.3 任务实施

(1)训练目的:掌握视距测量的方法。

(2)训练场地:学校实训中心。

(3)操作时间:40 min。

(4)使用仪器:DJ6 型经纬仪、视距尺。

(5)已知数据:已知仪器高为 1.42 m,测站高程 45.86 m。

(6)训练内容:用经纬仪视距测量法测得各测点的高程。

(7)训练要求:①测量数据填入记录表;②记录完整、清洁,无错误,绘制现场草图。

[**训练实例**]训练时,现场已知高程点建站,测出已知点到目标点的距离、竖直角,根据已知点的高程推算目标点的高程,并填写表 2-6。

表 2-6 视距测量记录表

测站:A　测站高程:45.86 m　仪器高:1.42 m　指标差:0

点号	视距间隔	中丝	竖盘读数	竖直角	高差	高程	平距	备注
1	0.874	1.42	86°43′					竖盘为顺时针分划注记
2	0.922	1.42	88°07′					
3	0.548	1.42	93°13′					
4	0.736	2.42	85°22′					
5	1.038	0.42	90°07′					

2.3.4 任务评价

项目部_________ **学号**_________ **学生**_________ **成绩**_________

工作项目		实训日期		计划学时	
工作内容					
教学方法	任务驱动(理论+实践)				
工作目标	知识	能力		素质	
	掌握多种距离测量的方法和步骤; 掌握直线定向的方法	运用钢尺进行距离测量; 运用视距尺进行视距测量; 正确的使用全站仪进行距离测量		认真、求实、合作精神	
工作重点及难点					
工作任务					
工作成果					
评价标准	A. 很积极主动,团队合作很好; B. 积极主动,团队合作好; C. 较积极主动,团队合作尚好; D. 不主动,合作尚好; E. 不主动,合作差	A. 内容全面,目标合理; B. 内容全面,目标较合理; C. 内容基本正确; D. 内容不正确; E. 无内容	A. 方法应用很正确; B. 方法正确; C. 方法基本正确; D. 方法不正确; E. 无方法	A. 形式美观,有特色; B. 形式美观; C. 形式合理; D. 形式尚合理; E. 形式不合理	综合
学生自评					
学生互评					
教师评价					
任务评价	学生自评(0.2)+学生互评(0.3)+教师评价(0.5)				
A. 90~100 分	B. 80~89 分	C. 70~79 分	D. 60~69 分	E. 60 分以下	

2.3.5 推荐阅读书目

[1]《工程测量》,周建郑主编,黄河水利出版社,2010。

[2]《工程测量》,张仁主编,水利水电出版社,2014。

[3]《工程测量技术》,唐保华主编,中国电力出版社,2007。

任务2.4　控制测量实训指导

【学习任务】

（1）布置简单的控制网；

（2）进行控制测量的外业操作和内业计算。

【学习目标】

（1）学会布置简单控制网的过程；

（2）掌握控制测量外业操作的全过程；

（3）正确的进行未知点坐标的推算。

2.4.1　相关知识

2.4.1.1　控制测量的概念

1. 目的与作用

（1）为测图或工程建设的测区建立统一的平面和高程控制网。

（2）控制误差的积累。

（3）作为进行各种细部测量的基准。

2. 控制测量分类

（1）按内容分：平面控制测量、高程控制测量。

（2）按精度分：一等、二等、三等、四等；一级、二级、三级。

（3）按方法分：天文测量、常规测量（三角测量、导线测量、水准测量）、卫星定位测量。

3. 有关名词

（1）小地区：不必考虑地球曲率对水平角和水平距离影响的范围。

（2）控制点：具有精确可靠平面坐标参数或高程参数的测量基准点。

（3）控制网：由控制点分布和测量方法决定所组成的图形或路线。

（4）控制测量：为建立控制网所进行的测量工作。

2.4.1.2　平面控制测量

平面控制测量即建立平面控制网，测定各平面控制点的坐标 X、Y。

等级关系：分一等、二等、三等、四等，前一等作为以后各等的控制基准，逐级控制（由整体到局部，由高级到低级）。小地区内布置一级、二级、三级和图根控制。

布置形式：三角锁、三角网（三边网、边角网）、导线网、交会定点等，如图 2-27 ~ 图2-29 所示。

2.4.1.3　高程控制测量

高程控制测量即建立高程控制网，测定各控制点的高程 H。

主要方法：水准测量。

其他方法：三角高程测量、电子全站仪高程测量。

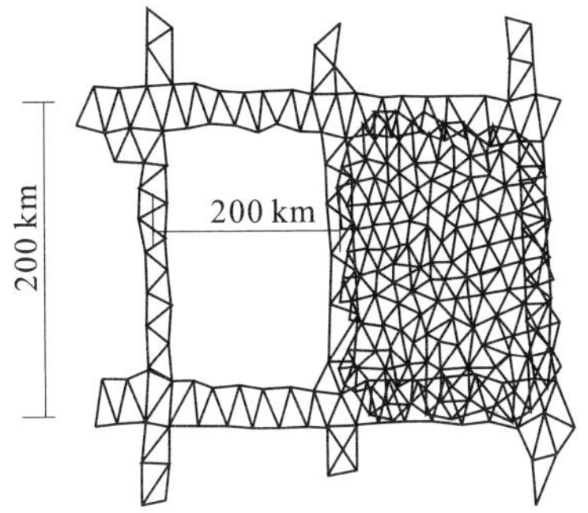

二等连续网充填一等三角锁成为国家平面控制网的骨干。

图 2-27 国家平面控制网

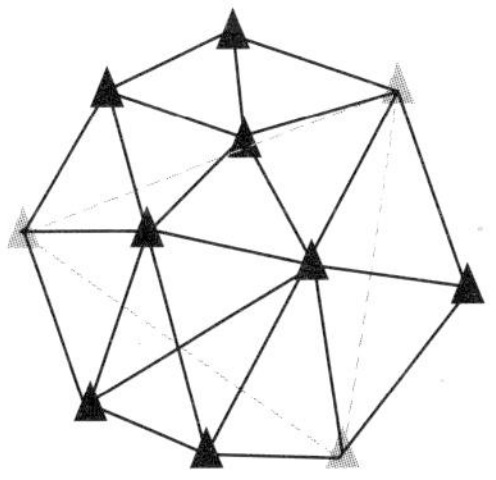

图 2-28 三角网或三边网

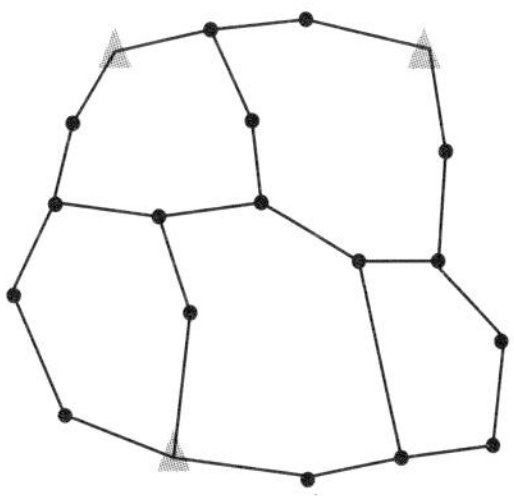

图 2-29 导线网

等级关系:分一等、二等、三等、四等,前一等作为以后各等的控制基准,逐级控制(由整体到局部,由高级到低级)。地形测量时,布设图根水准(也称等外水准)。

下面介绍各高程控制网的应用范围以及技术要求:

(1)国家水准网:按国家水准测量规范的技术要求建立起来的高程控制网。

作用:全国范围内施测各种比例尺地形图的高程控制基础,以及一些科学研究如地壳垂直形变规律、各海洋平均海水面的高度变化,以及其他有关地质和地貌的研究等。

分级:由高级到低级,从整体到局部,分成四个等级,逐级控制,逐级加密。

(2)一等水准网:骨干,环线长 1 000 ~ 1 500 km。

(3)二等水准网:基础,环线长 500 ~ 750 km——精密水准测量。

(4)三、四等水准网:为地形测图和工程建设服务。

(5)小区域(25 km^2 以内)控制测量:

①小区域平面控制:国家城市控制点——首级控制——图根控制。

②小区域高程控制:国家或城市水准点——三、四等水准——图根点高程。

2.4.1.4 导线测量

1. 定义及分类

导线即将测区内相邻控制点(导线点,traverse point)连成直线而构成的折线图形。

适用范围:主要用于带状地区(如公路、铁路和水利),视线障碍较多的隐蔽区,城建区,地下工程等控制点的测量。

2. 导线布设形式

导线的布设形式如图 2-30 所示。

(1)闭合导线:多用于面积较宽阔的独立地区。

(2)附合导线:多用于带状地区及公路、铁路、水利等工程的勘测与施工。

(3)支导线:支导线的点数不宜超过 2 个,仅作补点使用。

(4)导线网:多用于测区情况较复杂地区。

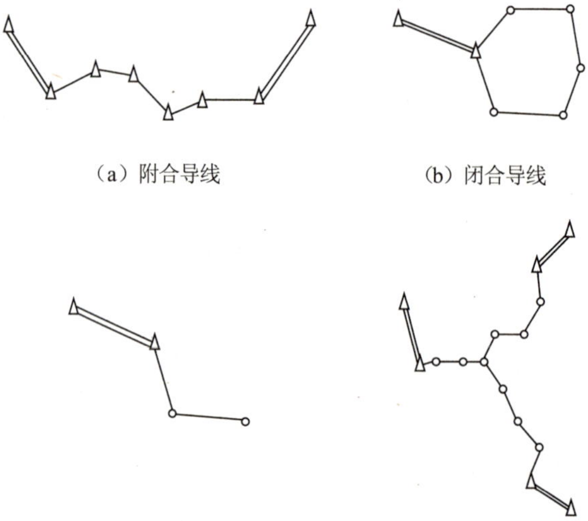

(a) 附合导线　(b) 闭合导线

(c) 支导线　(d) 单结点导线(导线网)

图 2-30　导线的布置形式

3. 导线的外业

1)踏勘选点及建立标志

选点前,应调查搜集测区已有地形图和高一级的控制点的成果资料,把控制点展绘在地形图上,然后在地形图上拟定导线的布设方案,最后到野外去踏勘,实地核对、修改、落实点位和建立标志。如果测区没有地形图资料,则需详细踏勘现场,根据已知控制点的分布、测区地形条件及测实地选点时,应注意下列几点:

(1)相邻点间通视良好,地势较平坦,便于测角和量距。

(2)点位应选在土质坚实处,便于保存标志和安置仪器。

(3)视野开阔,便于施测碎部。

(4)导线各边的长度应大致相等,除特殊情形外,应不大于 350 m,也不宜于小于 50 m 边长。

(5)导线点应有足够的密度,分布较均匀,便于控制整个测区。给合地形图和施工需要等具体情况,合理地选定导线点的位置。

2)量水平边长

外业测量包括边长测量、角度测量和连测。

(1)边长测量。

导线边长可用电磁波测距仪测定,测量时要同时观测竖直角,供倾斜改正之用。若用钢尺丈量,钢尺必须经过检定。对于一、二、三级导线,应按钢尺量距的精密方法丈量。

对于图根导线应注意以下几点:

①用一般方法往返丈量或同一方向丈量两次。

②尺长改正:当尺长改正数大于 1/10 000 时,应加尺长改正。

③温度改正:当量距时平均尺温与检定时温度相差 ±10 ℃时,应进行温度改正。

④倾斜改正:尺面倾斜大于1.5% 时,应进行倾斜改正。

⑤要求其精度不低于 1/3 000,特殊困难地区允许 1/1 000。

(2)角度测量。

用测回法施测导线左角(位于导线前进方向左侧的角)或右角(位于导线前进方向右侧的角)。

一般在附合导线中,测量导线左角,在闭合导线中均测内角。若闭合导线按逆时针方向编号,则其左角就是内角。不同等级的导线的测角精度要求见书中表。

图根导线,一般用 DJ6 型光学经纬仪测一个测回。若盘左、盘右测得角值的较差不超过 40″,则取其平均值。

在测角时,为便于瞄准,可用大垂球、测钎、觇标。

(3)连测。

导线应与高级控制点连测,才能得到起始方位角,这一工作称为连接角测量,也称导线定向。目的是使导线点坐标纳入国家坐标系统或该地区统一坐标系统。附合导线与两个已知点的连接,应测两个连接角 β_b、β_c。闭合导线和支导线只需测一个连接角 β_b,见图 2-31。

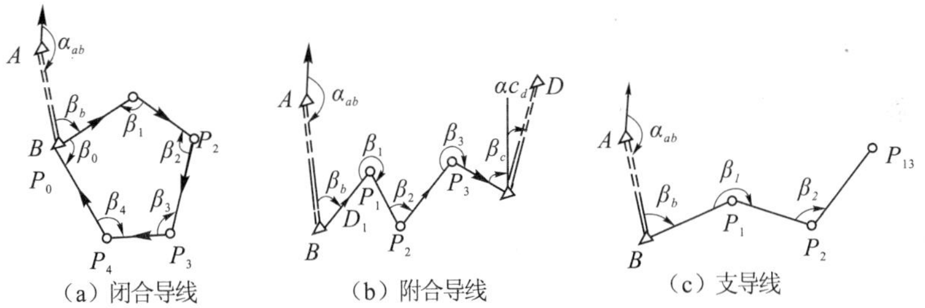

图 2-31　闭合导线、附合导线、支导线

当独立地区周围无高级控制点时,可假定某点坐标,用罗盘仪测定起始边的磁方位角作为起算数据。

2.4.1.5　导线的内业计算

1. 坐标方位角(grid bearing)的推算(回顾)

$$\alpha_{前} = \alpha_{后} + \beta_{左} \pm 180^\circ \tag{2-23}$$

或

$$\alpha_{前} = \alpha_{后} - \beta_{右} \pm 180^\circ \tag{2-24}$$

注意:若计算出的方位角大于 360°,则减去 360°;若为负值,则加上 360°。

2. 坐标正算公式

由 A、B 两点边长 D_{AB}和坐标方位角 α_{AB},计算坐标增量。

$$\begin{cases} \Delta x_{AB} = D_{AB} \times \cos\alpha_{AB} & (2\text{-}25) \\ \Delta y_{AB} = D_{AB} \times \sin\alpha_{AB} & (2\text{-}26) \end{cases}$$

3. 坐标反算公式

$$\begin{cases} D_{AB} = \sqrt{\Delta x_{AB}^2 + \Delta y_{AB}^2} & (2\text{-}27) \\ \tan\alpha_{AB} = \dfrac{\Delta y_{AB}}{\Delta x_{AB}} & (2\text{-}28) \end{cases}$$

α_{AB}的具体计算方法如下：

$$\begin{cases} \Delta x_{AB} = x_B - x_A \\ \Delta y_{AB} = y_B - y_A \end{cases} \tag{2-29}$$

$$\alpha_{AB锐} = \arctan \frac{|\Delta y_{AB}|}{|\Delta x_{AB}|} \tag{2-30}$$

根据 Δx_{AB}、Δy_{AB}的正负号判断 α_{AB}所在的象限：

①$\Delta x_{AB} > 0$ 且 $\Delta y_{AB} \geqslant 0$，则为一象限，$\alpha_{AB} = \alpha_{AB锐}$。

②$\Delta x_{AB} < 0$ 且 $\Delta y_{AB} \geqslant 0$，则为二象限，$\alpha_{AB} = 180° - \alpha_{AB锐}$。

③$\Delta x_{AB} < 0$ 且 $\Delta y_{AB} < 0$，则为三象限，$\alpha_{AB} = 180° + \alpha_{AB锐}$。

④$\Delta x_{AB} > 0$ 且 $\Delta y_{AB} < 0$，则为四象限，$\alpha_{AB} = 360° - \alpha_{AB锐}$。

⑤$\Delta x_{AB} = 0$ 且 $\Delta y_{AB} > 0$，则 $\alpha_{AB} = 90°$。

⑥$\Delta x_{AB} = 0$ 且 $\Delta y_{AB} < 0$，则 $\alpha_{AB} = 270°$。

2.4.1.6 闭合导线闭合差计算步骤

(1)绘制计算草图，在图上填写已知数据和观测数据。

(2)角度闭合差的计算与调整。

①计算角度闭合差：

$$f_\beta = \Sigma\beta_{测} - \Sigma\beta_{理} = \Sigma\beta_{测} - (n-2) \times 180° \tag{2-31}$$

②计算限差：

$$f_{\beta允} = \pm 40''\sqrt{n} \tag{2-32}$$

③若在限差内，则平均分配原则，计算改正数：

$$V_\beta = \frac{-f_\beta}{n} \tag{2-33}$$

④计算改正后新的角值：

$$\hat{\beta}_i = \beta_i + V_\beta \tag{2-34}$$

⑤计算坐标增量闭合差：

$$\begin{aligned} f_x &= \Sigma\Delta x_{测} - \Sigma\Delta x_{理} = \Sigma\Delta x_{测} \\ f_y &= \Sigma\Delta y_{测} - \Sigma\Delta y_{理} = \Sigma\Delta y_{测} \end{aligned} \tag{2-35}$$

导线全长闭合差：

$$f = \sqrt{f_x^2 + f_y^2} \tag{2-36}$$

导线全长相对闭合差：

$$K = \frac{f}{\Sigma D} = \frac{1}{X} \tag{2-37}$$

⑥分配坐标增量闭合差。

若 $K < 1/2\ 000$(图根级),则将 f_x、f_y 以相反符号,按边长成正比分配到各坐标增量上去,并计算改正后的坐标增量。

$$
\begin{aligned}
V_{\Delta xi} &= -\frac{f_x}{\sum D}D_i \\
V_{\Delta yi} &= -\frac{f_x}{\sum D}D_i
\end{aligned} \tag{2-38}
$$

$$
\begin{aligned}
\Delta \hat{x}_i &= \Delta x + V_{\Delta xi} \\
\Delta \hat{y}_i &= \Delta y + V_{\Delta yi}
\end{aligned} \tag{2-39}
$$

(3)按新的角值,推算各边坐标方位角。

(4)按坐标正算公式,计算各边坐标增量。

(5)坐标增量闭合差计算与调整。

(6)坐标计算。

根据起始点的已知坐标和经改正的新的坐标增量,来依次计算各导线点的坐标。

$$
\begin{aligned}
x_2 &= x_1 + \Delta \hat{x}_{12} \\
y_2 &= y_1 + \Delta \hat{y}_{12}
\end{aligned} \tag{2-40}
$$

2.4.1.7 三、四等水准测量

1. 三、四等水准测量简介及技术要求

(1)适用:平坦地区的高程控制测量。

(2)技术要求:见表 2-7。

表 2-7 三、四等水准测量测站技术要求

等级	视线长度(m)	前、后视距离差(m)	前、后视距离累积差(m)	红、黑面读数差(mm)	红、黑面高差之差(mm)
三等	≤65	≤3	≤6	≤2	≤3
四等	≤80	≤5	≤10	≤3	≤5

2. 作业方法

1)每一站观测程序

顺序:后前前后(黑黑红红);一般一对尺子交替使用。

读数:黑面“三丝法”(上、下、中丝)读数,红面仅读中丝。具体读数如下:

(1)后视(黑面):下丝读数(1),上丝读数(2),中丝读数(3);

(2)前视(黑面):下丝读数(4),上丝读数(5),中丝读数(6);

(3)前视(红面):中丝读数(7);

(4)后视(红面):中丝读数(8)。

2)计算与记录格式

(1)视距计算:

视距 = 100 × |上丝 − 下丝|

后视距离(9) = |(1) - (2)| × 100

前视距离(10) = |(4) - (5)| × 100

前后视距差(11) = 后视距(9) - 前视距(10)

视距差:Ⅲ等≤ ±3 m,Ⅳ等≤ ±5 m

前、后视距累积差(12) = 上站(12) + 本站(11)

视距累积差:Ⅲ等≤ ±6 m,Ⅳ等≤ ±10 m

(2)同一水准尺红、黑面中丝读数的检核:

黑红面读数差 = 黑面中丝 + K - 红面中丝(K = 4 787 mm 或4 687 mm)

前视尺(13) = (6) + K - (7)

后视尺(14) = (3) + K - (8)

(13)、(14)要求:Ⅲ等≤ ±2 mm,Ⅳ等≤ ±3 mm

计算黑面、红面的高差(15)、(16):

黑面高差(15) = 后(3) - 前(6)

红面高差(16) = 后(8) - 前(7)

(3)测量成果可用下式进行检核:

黑红面高差之差(17) = (15) - (16) ±0.100

要求:Ⅲ等≤ ±3 mm,Ⅳ等≤ ±5 mm。

(4)计算平均高差:

平均高差(18) = {(15) + [(16) ±0.100]}/2

2.4.2 经典案例

例题:方位角的推算。

已知:$\alpha_{12} = 30°$,各观测角 β 如图 2-32 所示,求各边坐标方位角 α_{23}、α_{34}、α_{45}、α_{51}。

解:$\alpha_{23} = \alpha_{12} - \beta_2 \pm 180° = 80°$

$\alpha_{34} = \alpha_{23} - \beta_3 \pm 180° = 195°$

$\alpha_{45} = 247°$

$\alpha_{51} = 305°$

$\alpha_{12} = 30°$(检查)

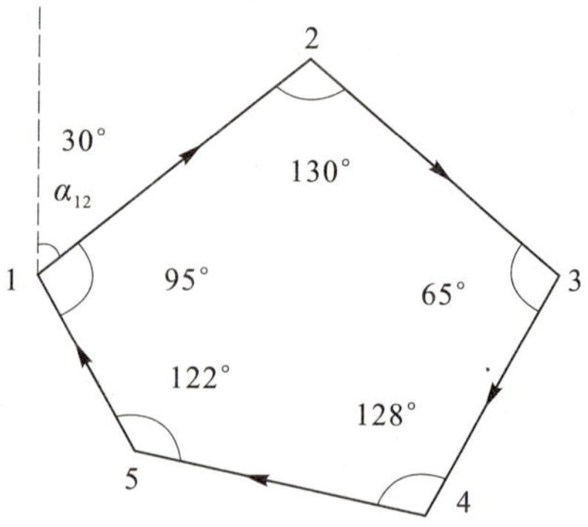

图 2-32

2.4.3 任务实施

(1)训练目的:进一步熟悉掌握控制测量的方法和步骤。

(2)训练场地:学校实训中心。

(3)操作时间:60 min。

(4)使用仪器:全站仪。

(5)已知数据:起点坐标为 $x = 500.00$,$y = 500.00$,起点高程为1 573.678 m。

(6)训练内容:

①测量导线网的各内角。

②推算各未知点的坐标。

③运用三、四等水准测量推算未知点高程。

(7)训练要求:

①角度测量两测回取平均值,取位符合规定。

②测量数据填入表中。

③记录完整、清洁,无错误,绘制导线网草图。

【训练实例】训练时,现场从规定的已知点起测,测出所规定的闭合导线网的各内角和和边长,根据给定的已知点的坐标,推算未知点的坐标,根据已知点的高程推算未知点的高程。

根据测量情况完成表 2-8 中的内容。根据实训情况,完成三、四等水准测量计算,并填入表 2-9 中。

表 2-8　闭合导线坐标计算表

点号	观测角(° ′ ″)	改正数	改正角(° ′ ″)	坐标方位角(° ′ ″)	距离 D(m)	计算增量值		改正后增量		坐标值		点号
						Δx(m)	Δy(m)	Δx(m)	Δy(m)	x(m)	y(m)	
A												
B												
C												
D												
E												
F												
A												
B										计算略图		
总和												
辅助计算												

表 2-9　三、四等水准测量计算表

测站编码	后尺 下丝 / 上丝	前尺 下丝 / 上丝	方向及尺寸	标尺读数		K + 黑 − 红	高差中数	备注
	后距	前距		黑面	红面			
	视距差 d							
	(1)	(4)	后	(3)	(8)	(14)		
	(2)	(5)	前	(6)	(7)	(13)		
	(9)	(10)	后 − 前	(15)	(16)	(17)	(18)	
	(11)	(12)						
1			后					
			前					
			后 − 前					
2			后					
			前					
			后 − 前					
3			后					
			前					K_1 =
			后 − 前					K_2 =
4			后					
			前					
			后 − 前					
5			后					
			前					
			后 − 前					
6			后					
			前					
			后 − 前					
每页校核								

2.4.4 任务评价

项目部__________ **学号**__________ **学生**__________ **成绩**__________

<table>
<tr><td>工作项目</td><td colspan="2"></td><td colspan="2">实训日期</td><td>计划学时</td></tr>
<tr><td>工作内容</td><td colspan="2"></td><td colspan="2"></td><td></td></tr>
<tr><td>教学方法</td><td colspan="5">任务驱动(理论+实践)</td></tr>
<tr><td rowspan="2">工作目标</td><td colspan="2">知识</td><td colspan="2">能力</td><td>素质</td></tr>
<tr><td colspan="2">学会布置简单控制网的过程;
掌握控制测量外业操作的全过程;
正确的进行未知点坐标的推算</td><td colspan="2">布置简单的控制网;
进行控制测量的外业操作和内业计算</td><td>认真、求实、合作精神</td></tr>
<tr><td>工作重点及难点</td><td colspan="5"></td></tr>
<tr><td>工作任务</td><td></td><td></td><td></td><td></td><td></td></tr>
<tr><td>工作成果</td><td></td><td></td><td></td><td></td><td></td></tr>
<tr><td>评价标准</td><td>A. 很积极主动,团队合作很好;
B. 积极主动,团队合作好;
C. 较积极主动,团队合作尚好;
D. 不主动,合作尚好;
E. 不主动,合作差</td><td>A. 内容全面,目标合理;
B. 内容全面,目标较合理;
C. 内容基本正确;
D. 内容不正确;
E. 无内容</td><td>A. 方法应用很正确;
B. 方法正确;
C. 方法基本正确;
D. 方法不正确;
E. 无方法</td><td>A. 形式美观,有特色;
B. 形式美观;
C. 形式合理;
D. 形式尚合理;
E. 形式不合理</td><td>综合</td></tr>
<tr><td>学生自评</td><td></td><td></td><td></td><td></td><td></td></tr>
<tr><td>学生互评</td><td></td><td></td><td></td><td></td><td></td></tr>
<tr><td>教师评价</td><td></td><td></td><td></td><td></td><td></td></tr>
<tr><td>任务评价</td><td colspan="5">学生自评(0.2)+学生互评(0.3)+教师评价(0.5)</td></tr>
<tr><td colspan="6">A. 90~100 分 B. 80~89 分 C. 70~79 分 D. 60~69 分 E. 60 分以下</td></tr>
</table>

2.4.5 推荐阅读书目

[1]《工程测量》,周建郑主编,黄河水利出版社,2010。

[2]《工程测量》,张仁主编,水利水电出版社,2014。

[3]《工程测量技术》,唐保华主编,中国电力出版社,2007。

任务2.5　大比例尺地形图测绘

【学习任务】

（1）采集特征点数据；

（2）绘制简单的数字地形图。

【学习目标】

（1）掌握野外数据采集的方法；

（2）掌握绘制数字地形图的方法。

2.5.1　相关知识

2.5.1.1　主要内容与适用范围

（1）大比例尺地形图（指比例尺为1∶500、1∶1 000、1∶2 000地形图）是城市规划、管理，工程项目设计、建设和土地管理等工作的基本依据。为指导城市大比例尺地形图测绘工作，特制定本要求。

（2）本要求主要对城市大比例尺地形图的精度、测绘的主要内容和表示方法做出规定，测绘过程的技术要求将在随后的单元会详细说明。

（3）大比例尺地形图精度、测绘的主要内容和表示方法在《城市测量规范》（CJJ/T 8—2011）（以下简称《规范》）和《1∶500、1∶1 000、1∶2 000地形图图式》（GB/T 7929—1995）（以下简称《图式》）中作了详细的规定和说明，《规范》和《图式》是测绘大比例尺地形图的基本依据。随着城市的不断发展，出现了许多《规范》、《图式》中未作说明的地物，还有部分地物、地形要素的测绘未作详细说明。为确保大比例尺地形图满足城市规划、管理和其他用户的要求，结合太原市的实际情况，制定本要求，作为对《规范》、《图式》中未详细说明有关事宜的补充。

（4）本规定未明确规定的，按如下标准执行：

①《城市测量规范》（CJJ/T 8—2011）；

②《1∶500、1∶1 000、1∶2 000地形图图式》（GB/T 7929—1995）。

2.5.1.2　大比例尺地形图测绘的主要内容及表示方法

大比例尺地形图应表示测量控制点、居民地和垣栅、工矿建（构）筑物及其他设施、交通及附属设施、管线及附属设施、水系及附属设施、境界、地貌和土质、植被等各项地物、地貌要素，以及地理名称注记等，并着重显示与城市规划、建设有关的各项要素。为使图面清晰，同时考虑1∶2 000地形图的用途，1∶2 000地形图上部分要素可适当取舍或不表示。

1. 测量控制点

测量控制点是测绘地形图和工程测量的主要依据，在图上必须准确表示。

测量控制点的测绘和表示除满足《规范》54页“4.6.2测量控制点的测绘应符合下列规定”和《图式》6～9页“3 测量控制点”的要求外，还应符合下列规定。

（1）建筑物上的控制点，若没有高程，可只注记点名。

（2）无论用何种方法测绘的图根控制点，按《图式》3.1.7或3.1.8表示。

(3)航测图成图所有控制点均不表示。

2.居民地和垣栅

居民地是大比例尺地形图应表示的主要要素,居民地的各类建筑物、构筑物及主要附属设施应准确测绘实地外围轮廓,如实反映建筑物结构特征,正确表示建筑物间的关系。

居民地和垣栅的测绘和表示除满足《规范》54~55页“4.6.3居民地和垣栅的测绘应符合下列规定”和《图式》10~19页“4 居民地和垣栅”的要求外,还应符合下列规定。

(1)房屋的轮廓原则上以墙基外角为准,按建筑物材料和性质分类,注记层数。7层以上(含7层)建筑物性质均按“砼”注记。1:500与1:1 000比例尺地形图测图,房屋一般不综合,应逐个表示,临时性的房屋可舍去。1:2 000比例尺测图可适当综合取舍,面积小于6 m^2 的简易房、棚房可不表示,宽度小于3 m的棚房用简易房表示,房屋只注记层数,不注记建筑材料和结构。

(2)平房轮廓以建筑物墙基外角为准,若一边山墙超出建筑物主体墙面,以主体墙面为准表示。

(3)所有楼房主体均以墙面为准表示。

(4)建筑物和围墙轮廓凸凹在图上小于0.4 mm,简单房屋小于图上0.6 mm时,可用直线连接,边线按主要建筑物外围为准。

(5)1:500比例尺测图,房屋的天井均应表示;1:1 000比例尺测图,图上6 mm^2 以下的天井可不表示;1:2 000比例尺测图,天井可不表示。天井内应加注“空”。

(6)简单房屋可不注明建筑材料性质。

(7)已建房基且房基高于地面但未建成房屋的建筑,无论正在施工或暂停施工,均按《图式》4.1.3表示。

(8)房屋附属的悬空建筑物以实际投影表示。

(9)阳台无论是否落地,均按《图式》4.3.1.2表示。1:2 000比例尺测图,除与建筑物等长的阳台归主体表示外,其余阳台可不表示。

(10)建筑物门廊、单位大门门顶等悬空建筑下的台阶、房屋等地物实测表示(可重叠)。1:2 000比例尺测图,门顶、宽度小于3 m的门廊、门(檐)廊支柱可不表示。

(11)农村一般农户院内的小平台、台阶、照壁、花池、矮墙等附属设施可不表示。但半地下房屋高于地面部分按平台表示,台阶实测表示。1:500比例尺测图院内宽度大于2 m且高度大于1 m的平台及相应台阶应表示,1:1 000和1:2 000比例尺测图可不表示。平台应加注“台”。户外的照壁,1:500、1:1 000比例尺测图按依比例尺围墙符号表示,1:2 000比例尺测图可不表示。

(12)农村农户门道外建筑无论是斜坡、还是台阶,1:500比例尺测图按《图式》4.3.3表示,1:1 000、1:2 000比例尺测图可不表示。

(13)农村门道按《图式》4.3.1.4表示,虚线表示进出方向;有支柱但无墙的门道,按《图式》4.3.8表示,并实测支柱。投影宽度小于图上2 mm的门顶可不表示。1:2 000比例尺测图,门道与建筑物相邻时将其并入建筑物,但要表示进出方向,门顶、建筑物下的通道不表示。

(14)台阶在图上可绘足三级(含台阶上的平台、图上3 mm)按《图式》4.3.3表示。台阶两侧护墙宽度大于图上0.6 mm 时，护墙按实际宽度表示，否则护墙用单线表示。1∶2 000比例尺测图，宽度小于2 m 的楼梯不表示。

（15）施工区用点线表示其范围，并加注“施工区”。1∶2 000比例尺测图只表示面积较大的施工工地。

（16）院门按《图式》4.3.6表示，月亮门按院门表示。1∶2 000比例尺测图可不表示。

（17）表示权属范围且高于地面0.5 m 的墙按《图式》4.4.3～4.4.7相应的符号表示，其余的可根据其永久性、规整性、重要性等综合取舍，临时性的不表示。

（18）地下建筑物的天窗宽度大于图上2 mm 时按实际宽度表示，否则按《图式》4.3.5表示。1∶2 000比例尺测图可不表示。

（19）所有支柱、墩宽度大于图上1 mm 时，按实际尺寸表示（空心），小于1 mm 时按1 mm 符号表示（方体为实心，圆体为空心）。1∶2 000比例尺测图，所有支柱均不表示，大门宽度大于4 m 的门墩需表示，其余的不表示。

（20）当棚房依围墙而建时，棚房和围墙分别完整表示。1∶2 000比例尺测图，用棚房表示即可。

3. 工矿建（构）筑物及其他设施

工矿建（构）筑物及其他设施包括矿山开采、地质勘探、工业、农业、科学、文教、卫生、体育设施和公共设施，是国民经济建设的主要设施，应准确测绘其位置、形状和性质特征。依比例尺表示的，应实测其外部轮廓，并配置符号或用依比例尺符号表示；不依比例尺表示的，应准确测定其定位点或定位线，用不依比例尺符号表示。

工矿建（构）筑物及其他设施的测绘和表示除满足《规范》55 页“4.6.4工矿建（构）筑物及其他设施的测绘应符合下列规定”和《图式》20～43 页“5 工矿建（构）筑物及其他设施”的要求外，还应符合下列规定。

（1）架空传送带下的建筑实测表示。1∶2 000比例尺测图传输带按《图式》5.2.3表示，漏斗只测外形，并加助“漏斗”；滑槽符号中的斜线根据需要表示，也可不表示。

（2）居民地外饲养牲畜的大型场所按《图式》5.3.6表示，饲养场统一加注“牲”。用于饲养牲畜的房屋按房屋表示。房前屋后的个体小猪圈、羊圈等不表示。1∶2 000比例尺测图，独立于建筑物以外的个体小猪圈、羊圈可不表示，饲养场内建筑物密集时，不要求每个饲养场所均注记“牲”，可在空白处注记。

（3）柱型广告牌应实测支柱，外围按实际投影表示，并加注“广告”。1∶2 000比例尺测图，广告牌可不表示。

（4）跑道长度大于250 m 的操场，加注“体育场”，小于250 m 的操场加注“运动场”。

（5）有名称的纪念碑应加注其名称。

（6）正规球场、幼儿园、公园和露天游乐场内正规的娱乐设施用点线绘制其范围，并加注“娱”。1∶2 000比例尺测图可不表示。

（7）建筑物外的独立厕所按《图式》5.8.8表示，农村院内与建筑物相连的厕所按房屋表示。所有简陋的厕所均不表示。

（8）1∶2 000比例尺测图，架空传送带下的支柱（架），烟道支架，橱窗、广告牌，路灯，小型牌、柱、墩可不表示。

(9)1:2 000比例尺测图，国家机关、企事业单位、共公场所、学校等有重要意义的旗杆予以保留，其余的不予保留。

(10)1:2 000比例尺测图，温室、花房、菜窖分别统一简称为"温""花""菜"。

(11)1:2 000比例尺测图，农村的学校，可不注记全称，只注记"党校"字样；小型卫生所可不注记名称，用图式相应符号表示。

(12)1:2 000比例尺测图，宣传橱窗、垃圾台、路灯均不表示。

4. 交通及附属设施

交通是国民经济发达程度的重要标志。图上应准确反映陆地道路的类别和等级，附属设施的结构和关系；正确处理道路的相交关系及其他要素的关系；正确表示水运和海运的航行标志，河流的通航情况及各级道路的通过关系。

铁路与公路或其他道路平面相交时，铁路符号不中断，而将另一道路符号中断；道路为立体交叉或高架道路时，应测绘桥位、匝道、桥墩与绿地等，下层被上层遮住的部分不绘；桥梁应注明其建筑结构，有专有名称的加注名称；码头应实测轮廓线，有专有名称的加注名称，无名称者注"码头"；路堤、路堑应按实际宽度绘出边界。

交通及附属设施的测绘和表示除满足《规范》55～56页"4.6.5交通及附属设施的测绘应符合下列规定"和《图式》44～61页"6 交通及附属设施"的要求外，还应符合下列规定。

(1)铁路轨顶、公路路中、道路交叉处、桥面应测注高程，铁路曲线段应测其内轨顶高程，铁路统一中心定位。

(2)公路、街道在图上按实际宽度依比例尺表示，公路应在路中注明等级和铺面材料，街道应在路中注明铺面材料，国道应注出国道路线编号。

(3)市区街道应将车行道、过街天桥、过街地道的出入口和地下部分、分隔带、环岛、街心花园、人行道与绿化带等绘出；1:2 000比例尺测图，道路中安全岛(环岛)、隔离带、绿化带、花坛、只测绘其范围线，不填充植被符号，范围线统一用"道路隔离带"编码表示。

(4)路基未经修筑或简单修筑能通行大车和拖拉机且实地宽度大于3 m的道路，按《图式》6.4.1表示；实地宽度大于0.5 m(1:2 000比例尺测图，实地大于1 m)、小于3 m的乡村中不能通行大车和拖拉机的道路按《图式》6.4.2表示。大车路、乡村路的宽度依比例尺表示，若实地宽窄不一，且变化频繁，图上可取其平均宽度绘成平行线。乡村中单人单车行走的道路按《图式》6.4.3表示。

(5)公园、工矿、机关、学校、居民小区和农村等内部经过铺装的主要道路按《图式》6.4.4表示，路面未经铺装的不表示。1:2 000比例尺测图，农村的内部路可不表示，其余的可适当综合。

(6)马路边林带宽度大于图上20 mm时按树林表示，小于20 mm时按行树表示，无论用哪种方法表示，均应注明树林性质(如杨、榆等)。1:2 000比例尺测图，马路边林带按行树表示，可不注树林性质。

(7)路边、花池内及其他地方的线状冬青树均不表示。大面积的冬青树实测边界，按花圃表示。

(8)站台、天桥、地道、信号灯、臂扳信号机、水鹤、车挡、转车盘等火车站附属设施按

《图式》6.2表示。1∶2 000比例尺测图，只表示高柱色灯信号机。

(9)不依比例尺涵洞用虚线连接地下部分。1∶2 000比例尺测图，依比例尺涵洞地下部分用虚线连接表示，不依比例尺涵洞地下部分不连线(可不表示)。

(10)路堤、路堑应区分是否加固。

(11)里程牌、坡度表、路标、汽车停车站等道路标志按《图式》6.5.6表示。

(12)铁道平交道口按《图式》6.5.8表示。

5. 管线及附属设施

管线包括各种管道、电力线和通信线等，图上应准确反映管线类别、实地点位和走向特征。

永久性的电力线、通信线均应准确表示，电杆、铁塔位置应实测。当多种线路在同一杆架上时，只表示主要的，杆上变压器应表示。图上电力线、通信线可不连线，但应在杆架处绘出线路方向。各类线路应做到线类分明，走向连贯。

架空的、地面上的、有管堤的管道均应实测，分别用相应的符号表示，并注明管道数量和传输物质的名称。

管线及附属设施的测绘和表示除满足《规范》56 页“4.6.6管线及附属设施的测绘应符合下列规定”和《图式》62～69 页“7 管线及附属设施”的要求外，还应符合下列规定。

(1)电力线、通信线进入建筑物时，建筑物上可不表示路线走向，但进入变电室时需表示走向。

(2)架空管道拐点、交叉或通过道路处的支架实测表示，直线部分的支架密集时，可适当取舍。1∶2 000比例尺测图，直线部分的支架可适当取舍。

(3)多根管道成排或重叠且宽度大于图上 2 mm 时，按实际投影表示(管道外侧)，中间加注管道数量，传输物按主要的标注。1∶2 000比例尺测图，走向连贯的主管道表示其余管道可不表示，管道只注记传输物质的名称，不注记管道数量(根数)。

(4)底部高于地面 1m 的管道按架空管道表示。

(5)轮廓凸凹小于图上 1 mm 的管道，可用直线连接。

(6)电力线、通信线的电缆标实测，按相应符号表示。1∶2 000比例尺测图，建成区外的电力线、通信线，拐弯处、变陡坡处的电缆标实测表示，直线部分可取舍；建成区内的电缆标可不表示。

(7)地下检查井只表示干管和道路上的，其余的可不表示。1∶2 000比例尺测图可不表示。

(8)室外地上和地下的消火栓，均应实测，按《图式》7.5.2表示。1∶2 000比例尺测图可不表示。

(9)阀门均应实测，按《图式》7.5.3表示。1∶2 000比例尺测图可不表示。

(10)1∶2 000比例尺测图，建筑区电力线、通信线密集且与其他(线画)相互压盖时，可适当取舍；高压杆不取舍，但通信杆、低压杆的拐点、起始点、三个以上(含三个)走向的杆位必须保留表示，直线部分不可连续舍去两根杆，当两根杆间不能用完整符号表示时，可用同性质的线连接。

(11)1∶2 000比例尺测图变压器统一按不依比例尺符号表示，定位点为其中心。

6. 水系及附属设施

水系包括江、河、湖、海、水库、池塘、沟渠、井、泉等自然和人工水体及水利设施，图上均应准确表示，有名称的加注名称。

河流、溪流、运河、湖泊、水库、池塘等的水涯线一般按测图时（或摄影时）的水位测定，当水涯线与陡坎线图上投影距离小于 1 mm 时，以陡坎线表示，不绘制水涯线。河流在图上宽度小于0.5 mm 的用单线表示。1∶2 000比例尺测图，只绘制湖泊、水库的水涯线可不表示，池塘统一用单线表示。

水渠应测注渠顶边和渠底的高程；时令河应测注河床高程；堤、坝应测注顶部与坡脚高程；池塘应测注池塘顶边与塘面高程；泉、井应测注泉的出水口与井台高程。

水系及附属设施的测绘和表示除满足《规范》56 ~ 57 页“4.6.7水系及附属设施的测绘应符合下列规定”和《图式》70 ~ 87 页“8 水系及附属设施”的要求外，还应符合下列规定。

沟渠边高度不高于地面0.5 m 时，宽度大于图上 6 mm 时按有护岸沟渠表示（即需绘制示坡线），并绘制水涯线；宽度大于图上 1 mm、小于 6 mm 时用双线表示；宽度小于图上 1 mm 的防渗渠、水井、泵房的引渠用单线表示，1∶2 000比例尺测图，防渗水渠、河流宽度小于图上0.5 mm 时用单线表示，宽度小于 1 m 的非防渗水渠可不表示；堤高大于0.5 m 的沟渠，堤宽小于图上 1 mm 时按《图式》8.3.2a 表示，堤宽大于图上 1 mm 时按《图式》8.3.2b 表示。沟渠边、堤应区分是否加固。

1∶2 000比例尺测图，单位、村庄等内部路旁边的渠不表示；耕地内较窄的水渠用单线表示；堤坝上的道路可不表示。

7. 境界

大比例尺地形图上一般不表示行政区划界和特殊地区界，需表示时，将在项目技术设计书中给予说明。

自然保护区界实测，按《图式》9.2.2表示。

8. 地貌和土质

地貌指地球表面起伏的形态，土质指地面表层覆盖物的类别和性质。地貌和土质是经济建设部门规划设计、资源调查的基本依据之一，图上要求正确表示其形态、类别和分布特征。自然形态的地貌宜用等高线表示，崩塌残蚀地貌、坡、坎和其他特殊地貌应用相应符号或用等高线配合表示。

建筑区、砖场、乱掘地、垃圾场、采掘（石、土）场、坟地等不易用等高线表示形态的地方，一律不绘制等高线，实测高程，并加注相应的说明注记。

不同项目、不同测区所选择的基本等高距将在技术设计书中给予说明。

各种天然形成和人工修筑的坡、坎，其坡度在 70°以上时表示为陡坎，70°以下时表示为斜坡。斜坡在图上投影宽度小于 2 mm 时，以陡坎符号表示。当坡、坎比高小于0.5 m（1∶2 000比例尺测图比高小于 1 m）或在图上长度小于 5 mm 时，可不表示，坡、坎密集时，可适当取舍。1∶2 000比例尺测图，陡坎不可用等高线表示；大于 1 m 以上的坎不得取舍。

梯田坎、坡在图上投影宽度大于 5 mm 时，需绘制坡角线。梯田坎比较缓且范围较大时，也可用等高线表示。

坡度在70°以下的石山和天然斜坡，能用斜坡符号正确反映出地形特征的地段，优先考虑用斜坡符号表示，否则用等高线或用等高线配合符号表示，人工修筑的坡用斜坡符号表示。独立石、土堆、坑穴、陡坎、斜坡、梯田坎、露岩地等应在上下方分别测注高程或测注上(或下)方高程及量注比高。

各种土质按《图式》规定的符号表示，大面积沙地应用等高线加注记表示。

地貌和土质的测绘和表示除满足《规范》57 页“4.6.9地貌和土质的测绘应符合下列规定”和《图式》92 ~ 105 页“10 地貌和土质”的要求外，还应符合下列规定。

(1)计曲线应注明高程，等高线注记注在平缓处，字头朝向高处，但需避免在图内倒置。当等高线密集时，可选择注记。

(2)大比例尺地形图上高程注记点应分布均匀，丘陵地区高程注记点间距为：1∶500比例尺地形图 15 m，1∶1 000比例尺地形图 30 m，1∶2 000比例尺地形图 50 m。平坦及地形简单地区可放宽1.5倍，地貌变化较大的丘陵地、山地与高山地应适当加密。

(3)高程点位实测表示，高程注记一般注在点的右方或左方。1∶500 和 1∶1 000比例尺地形图高程注记点应注至厘米，1∶2 000比例尺地形图应注至分米。

(4)除《规范》4.1 ~4.8中规定需测注高程的地方外，以下地点必须测注高程点：

①山顶、鞍部、山脊、山脚、谷底、谷口、沟底、沟口、凹地、台地、河川湖池旁、水涯线上以及其他地面倾斜变换处、地形特征点处须测注高程；

②城市建筑区街道中心线、街道交叉中心、建筑物墙基脚和相应的地面、管道检查井井口、桥面、广场、较大的庭院内或空地上以及其他地面倾斜变换处。

(5)山顶、鞍部、凹地及斜坡方向不易判别的地方应在最高、最低一条等高线上绘制示坡线。

(6)所有坡、坎均应分清是否加固。

(7)人工修筑的斜坡用斜坡符号表示，不用等高线表示。

(8)崩塌残蚀地貌的表示按《图式》93 ~94 页10.3的规定执行。

9. 植被

植被指覆盖在地表上的各种植物，图上应正确绘出植被的类别特征和分布范围。耕地、园地应实测范围，配置相应的符号表示。同一地段生长有多种植物时，植被符号可配合表示，但不得超过三种(连同土质符号)。如果种类很多，可舍去经济价值不大或数量较小的。符号的配置应与实地植物的主次和稀密情况相适应。

旱地指除稻田以外的农作物耕种地和撂荒未满三年的轮歇地，包括种植小麦、杂粮、棉花、烟草、大豆、花生和油菜的田地，经济作物、油料作物应加注品种名称。菜地指较固定的常年种植、面积较大的菜地。有喷灌设备或节水灌溉设施的耕地应加注“喷灌”“滴灌”等。

一年分几季种植不同作物的耕地，应以夏季主要作物为准配置符号。

植被的测绘和表示除满足《规范》57 ~58 页“4.6.10植被的测绘应符合下列规定”和《图式》106 ~117 页“11 植被”的要求外，还应符合下列规定。

(1)高于地面0.5 m 的田埂图上宽度大于图上 1 mm 时用双线表示，小于 1 mm 时用单线表示。

(2)居民地内散树可不表示。1∶2 000比例尺测图，所有散树可不表示。

(3)行树、狭长灌木林等在图上长度小于 20 mm 时可不表示。1∶2 000比例尺测图，道路、河流、水渠第一排行树，狭长灌木林需表示，其余可不表示。

(4)独立树指有良好方位作用和有纪念意义的单棵树木，有名称的应加注名称。实地应正确区分零散树木是独立树，还是散树，按相应符号表示。

(5)花圃边界一般用实线表示，当花圃边界与内部路公用时，公用部分按内部路表示，其他边界用虚线表示。面积小于图上 6 mm^2 的花圃可不表示。

(6)草坪按《图式》11.4.1表示，并加注“草坪”。

(7)地类界与地面上有形的线状符号(道路、河流、坡坎线等)重合时，可省略不绘，与地面无形的线状符号(如等高线、境界、管线等)重合时，将地类界移位0.3 mm 绘出。

10. 注记

注记是地形图的重要内容之一，是判别和使用地形图的直接依据。要求对各种名称、说明注记和数字注记准确注出。图上所有居民地、道路(包括市镇的街、巷)、山岭、沟谷、河流等自然地理名称，以及主要单位名称，均应进行调查核实，有法定名称的以法定名称为准，并应正确注记。

成图注记除满足《图式》118 ~ 121 页“12 注记”的要求外，还应符合下列规定：

(1)单位名称可简注，带有“山西省”、“太原市”字样的可简称“省”“市”，其他的不简化。

(2)单位名称统一以挂牌为准，同一院、同楼有多个单位时，只注记主要名称(即法定名称)。1∶2 000比例尺测图，单位名称较长时，能简称的可用简称注记。

(3)注记位置应指向明确、醒目、易读，尽量不压盖地物符号。

(4)注记的排列形式首选水平字列，面积较大的单位名称注记应选用“普通字隔”或“隔离字隔”注记。

(5)根据单位的等级、主次和面积的大小，选择适合的字高。

(6)城市主干道采用4 mm 字高注记，城市次干道采用3.5 mm 字高注记，城市其他道路及小街、小巷采用2.75 mm 字高注记。

(7)部队(含武警部队)名称可不注记。

(8)各种说明注记的简称按《图式》126 ~ 129 页“附录 A 说明注记简称表”的规定标注。

2.5.2 经典案例

例题：根据野外采集到的碎高程点的数据，运用南方 CASS 绘图软件进行等高线的绘制。操作步骤如下：

(1)绘制等高线；

(2)建立 DTM 模型；

(3)编辑、修改 DTM 模型；

(4)绘制等高线；

(5)修剪、注记等高线。

操作界面如图 2-33 所示。

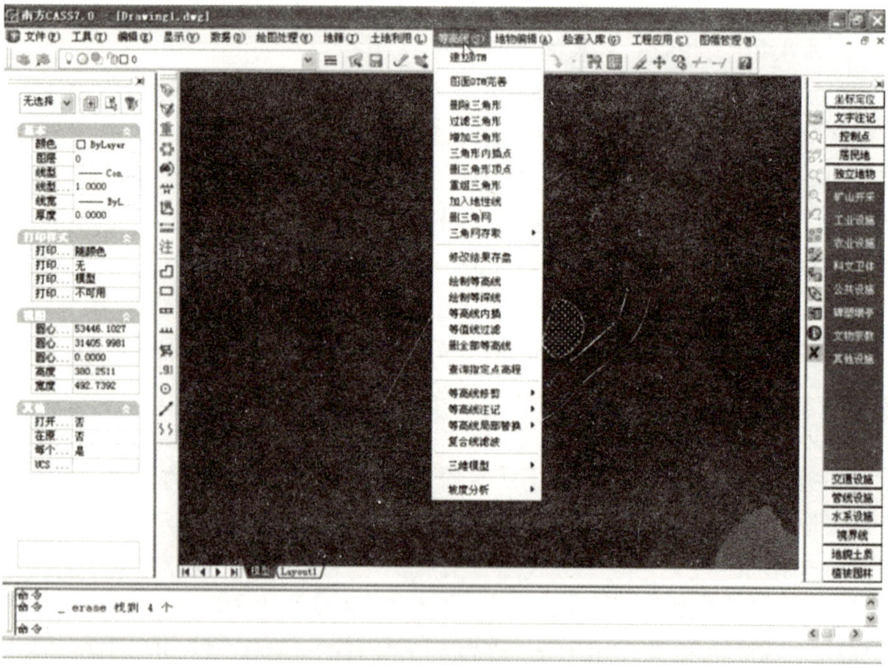

图 2-33　绘制等高线实例图

2.5.3　任务实施

(1)训练目的：进一步掌握用全站仪进行野外数据采集的方法。

(2)训练场地：学校校园。

(3)操作时间：60 min。

(4)使用仪器：全站仪。

(5)已知数据：学校已有控制网数据。

(6)训练内容：

①采集校园内地物、地貌特征点。

②用南方 CASS 9.1绘制校园地形图。

(7)训练要求：

①测量时要严格按照规定要求，选点、采集特征点。

②绘制野外测量草图，作为内业成图的依据。

③草图绘制完整、清洁，无错误。

【训练实例】训练时，按照给定的区域进行数据采集，每组用标准 A4 纸绘制草图，野外采集结束以后，回到计算机室，用成图软件进行地形图绘制。

2.5.4 任务评价

项目部＿＿＿＿＿　学号＿＿＿＿＿　学生＿＿＿＿＿　成绩＿＿＿＿＿

<table>
<tr><td>工作项目</td><td colspan="2"></td><td colspan="2">实训日期</td><td>计划学时</td></tr>
<tr><td>工作内容</td><td colspan="2"></td><td colspan="2"></td><td></td></tr>
<tr><td>教学方法</td><td colspan="5">任务驱动（理论 + 实践）</td></tr>
<tr><td rowspan="2">工作目标</td><td colspan="2">知识</td><td colspan="2">能力</td><td>素质</td></tr>
<tr><td colspan="2">掌握野外数据采集的方法；
掌握绘制数字地形图的方法</td><td colspan="2">采集特征点数据；
绘制简单的数字地形图</td><td>认真、求实、合作精神</td></tr>
<tr><td>工作重点及难点</td><td colspan="5"></td></tr>
<tr><td>工作任务</td><td></td><td></td><td></td><td></td><td></td></tr>
<tr><td>工作成果</td><td></td><td></td><td></td><td></td><td></td></tr>
<tr><td>评价标准</td><td>A. 很积极主动，团队合作很好；
B. 积极主动，团队合作好；
C. 较积极主动，团队合作尚好；
D. 不主动，合作尚好；
E. 不主动，合作差</td><td>A. 内容全面，目标合理；
B. 内容全面，目标较合理；
C. 内容基本正确；
D. 内容不正确；
E. 无内容</td><td>A. 方法应用很正确；
B. 方法正确；
C. 方法基本正确；
D. 方法不正确；
E. 无方法</td><td>A. 形式美观，有特色；
B. 形式美观；
C. 形式合理；
D. 形式尚合理；
E. 形式不合理</td><td>综合</td></tr>
<tr><td>学生自评</td><td></td><td></td><td></td><td></td><td></td></tr>
<tr><td>学生互评</td><td></td><td></td><td></td><td></td><td></td></tr>
<tr><td>教师评价</td><td></td><td></td><td></td><td></td><td></td></tr>
<tr><td>任务评价</td><td colspan="5">学生自评(0.2) + 学生互评(0.3) + 教师评价(0.5)</td></tr>
<tr><td colspan="6">A. 90 ~ 100 分　B. 80 ~ 89 分　C. 70 ~ 79 分　D. 60 ~ 69 分　E. 60 分以下</td></tr>
</table>

2.5.5 推荐阅读书目

[1]《工程测量》，周建郑主编，黄河水利出版社，2010。

[2]《工程测量》，张仁主编，水利水电出版社，2014。

[3]《工程测量技术》，唐保华主编，中国电力出版社，2007。

[4]《数字测图》，王正荣主编，黄河水利出版社，2012。

任务2.6　施工放样

【学习任务】

(1)放样建筑物的平面位置；

(2)放样地面点的高程。

【学习目标】

掌握建筑物施工放样的方法与步骤。

2.6.1　相关知识

2.6.1.1　点的平面位置的测设

点的平面位置放样常用方法有直角坐标法、极坐标法、角度交会法和距离交会法等四种。至于选用哪种方法，应根据控制网的形式、现场情况、精度要求等因素来选择。这里主要讲解直角坐标法和极坐标法测设点的平面位置。

1. 直角坐标法

所谓的直角坐标法测设点的平面位置，是指用已知坐标差 Δx、Δy 测设点位。此法适用于施工现场有互相垂直的主轴线或建筑方格网时，测设点的平面位置。

2. 极坐标法

(1)首先计算放样数据 D_{AP} 和 β(见图 2-34，图中为 $\angle BAP$)。

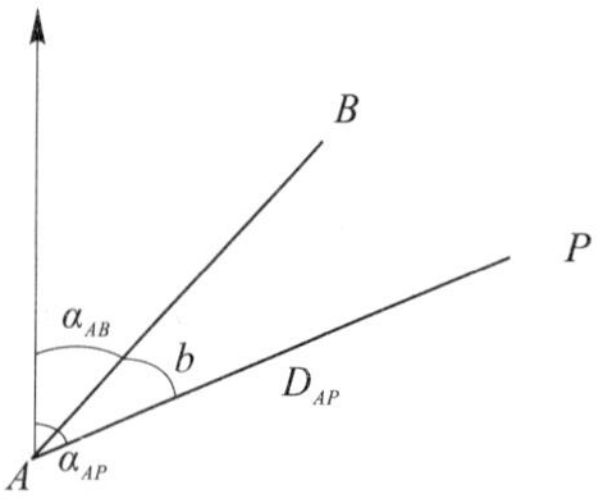

2-34　放样数据示意图

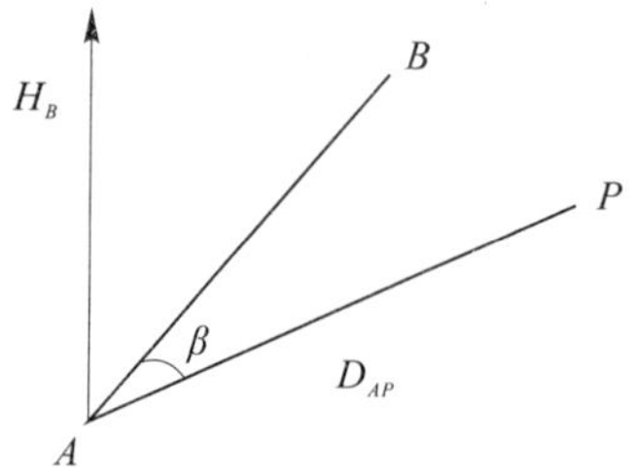

图 2-35　点位放样

$$\left.\begin{aligned} \alpha_{AP} &= \arctan \frac{y_P - y_A}{x_P - x_A} \\ \alpha_{AB} &= \arctan \frac{y_B - y_A}{x_B - x_A} \\ \beta &= \alpha_{AP} - \alpha_{AB} \\ D_{AP} &= \sqrt{(x_P - x_A)^2 + (y_P - y_A)^2} \end{aligned}\right\} \tag{2-41}$$

(2)测设步骤如下：

①将经纬仪安置在 A 点，按顺时针方向测设 $\angle BAP = \beta$，得到 AP 方向；②由 A 点沿 AP 方向测设距离 D_{AP}，即可得到 P 点的平面位置，见图 2-35。

2.6.1.2　测设已知高程

测设已知高程是根据已知的水准点，在地面上标定出某设计高程的工作。

(1)设 A 点为已知高程水准点，高程为 H_A，B 点的设计高程为 H_B，将水准仪安置在 A、

B 两点之间，先在 A 点立水准尺，读得读数为 a，由此可得仪器视线高为：

$$H_i = H_A + a \tag{2-42}$$

（2）要使 B 点高程为设计高程 H_B，则在 B 点的前视水准尺上的读数应为：

$$b = H_i - H_B \tag{2-43}$$

（3）将水准尺紧靠在 B 点的墙面上，在其上、下移动水准尺，当中丝读数正好为 b 时，则 B 尺底部高程即是所需要放样的设计高程，然后在 B 点墙面上沿 B 尺底部做记号，就得到了设计高程的位置，如图 2-34 所示。

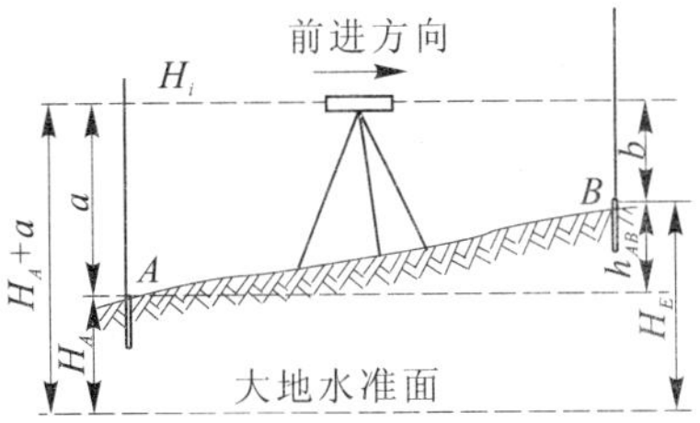

图 2-36　高程放样

2.6.2　经典案例

例题：测设已知高程。

在某设计图纸上已确定建筑物的室内地坪高程为50. 500 m，附近有一水准点 A，其高程为 H_A =50. 000 m。现在要把建筑物的室内地坪高程（±0 标高线）测设到永久性建筑物基础上，作为施工时控制高程的依据。其方法如下：

（1）水准仪安置于水准点 R 与某建筑物 A 等距离之处，R 上立水准尺，假设读得后视读数 a =1. 600 m，根据 R 点的高程 H_R，求得水准仪的视线高程（仪器高程）$H_{视}$：

$$H_{视} = H_R + a = 50.000 + 1.600 = 51.600(\text{m})$$

（2）设计建筑物第一层地平的标高 $H_{设}$ =50. 500 m，把水准尺靠在建筑物墙上，水准尺应有的前视读数 b 应按下式计算：

$$b = H_{视} - H_{设} = 51.600 - 50.500 = 1.100(\text{m})$$

（3）扶尺者将尺子上下移动，当水准尺读数恰好为1. 100 m 时，在水准尺的零端划一道线（用红油漆画），此线的高度即为 ±0 标高线。

2.6.3　任务实施

（1）训练目的：进一步掌握平面位置和高程的放样方法。

（2）训练场地：学校实训中心。

（3）操作时间：60 min。

（4）使用仪器：全站仪、水准仪。

（5）已知数据：

①平面位置：已知基准点（100，100）与定向点（135，100）的坐标，以及建筑物的 4 个特征点的坐标。

②高程：已知基准点的高程1 691. 504 m，设计高程1 692. 379 m。

(6)训练内容：

①放样出建筑物4个特征点的位置，在实地标定出来。

②放样出设计高程点的位置，在实训中心围墙上标定出来，作为施工的依据。

(7)训练要求：

①放样时，测距控制在5 mm以内。

②高程放样精确到毫米位。

③将放样出的点位在实训中心场地标定好，做好点标记。

【训练实例】训练时，以给定的控制点点位为主，根据所提供的坐标，在实地放样出设计点位的位置。

2.6.4 任务评价

项目部________ 学号________ 学生________ 成绩________

<table>
<tr><td>工作项目</td><td colspan="2"></td><td colspan="2">实训日期</td><td colspan="2">计划学时</td></tr>
<tr><td>工作内容</td><td colspan="2"></td><td colspan="2"></td><td colspan="2"></td></tr>
<tr><td>教学方法</td><td colspan="6">任务驱动(理论+实践)</td></tr>
<tr><td rowspan="2">工作目标</td><td colspan="2">知识</td><td colspan="2">能力</td><td colspan="2">素质</td></tr>
<tr><td colspan="2">掌握建筑物施工放样的方法与步骤</td><td colspan="2">放样建筑物的平面位置；
放样地面点的高程</td><td colspan="2">认真、求实、合作精神</td></tr>
<tr><td>工作重点及难点</td><td colspan="6"></td></tr>
<tr><td>工作任务</td><td></td><td colspan="2"></td><td></td><td></td><td></td></tr>
<tr><td>工作成果</td><td></td><td colspan="2"></td><td></td><td></td><td></td></tr>
<tr><td>评价标准</td><td>A.很积极主动，团队合作很好；
B.积极主动，团队合作好；
C.较积极主动，团队合作尚好；
D.不主动，合作尚好；
E.不主动，合作差</td><td colspan="2">A.内容全面，目标合理；
B.内容全面，目标较合理；
C.内容基本正确；
D.内容不正确；
E.无内容</td><td>A.方法应用很正确；
B.方法正确；
C.方法基本正确；
D.方法不正确；
E.无方法</td><td>A.形式美观，有特色；
B.形式美观；
C.形式合理；
D.形式尚合理；
E.形式不合理</td><td>综合</td></tr>
<tr><td>学生自评</td><td></td><td colspan="2"></td><td></td><td></td><td></td></tr>
<tr><td>学生互评</td><td></td><td colspan="2"></td><td></td><td></td><td></td></tr>
<tr><td>教师评价</td><td></td><td colspan="2"></td><td></td><td></td><td></td></tr>
<tr><td>任务评价</td><td colspan="6">学生自评(0.2)+学生互评(0.3)+教师评价(0.5)</td></tr>
<tr><td colspan="7">A.90~100分　B.80~89分　C.70~79分　D.60~69分　E.60分以下</td></tr>
</table>

2.6.5 推荐阅读书目

[1]《工程测量》,周建郑主编,黄河水利出版社,2010。

[2]《工程测量》,张仁主编,水利水电出版社,2014。

[3]《工程测量技术》,唐保华主编,中国电力出版社,2007。

第 3 单元　坝体、渠道施工测量

任务 3.1　土坝施工测量实训指导

【学习任务】

(1)了解土坝施工控制网的建立;

(2)掌握坝体放样线的测定。

【学习目标】

(1)学会大坝轴线、清基开挖边线的定位;

(2)会用修坡桩的测放。

3.1.1　相关知识

大坝的类型有多种,按建筑材料可分为土坝、堆石坝、土石混合坝、浆砌石坝、混凝土坝等;按造型可分为直线型坝、拱坝等;按作用力的性质可分为重力坝、侧力坝等;按大坝的规模可分为小型、中型、大型,甚至特大型坝。中小型大坝中有许多土坝,其优点是:可就地取材,施工简便。本节介绍土坝施工测量的基本方法。

土坝的控制测量是根据基本网确定坝轴线,然后以坝轴线为依据布设坝身控制网以控制坝体细部的放样。

3.1.1.1　土坝控制测量

施工前,首先要进行控制网的布设测量,然后进行后续测量工作。

1. 坝轴线的测设

坝轴线即坝顶中心线,如图 3-1 所示,一般先由设计图纸量得轴线两端点的坐标值,反算出它们与附近施工控制网中的已知点的方位角,用角度交绘法,测设其地面位置。如图 3-2 所示为坝轴线测设示意图。

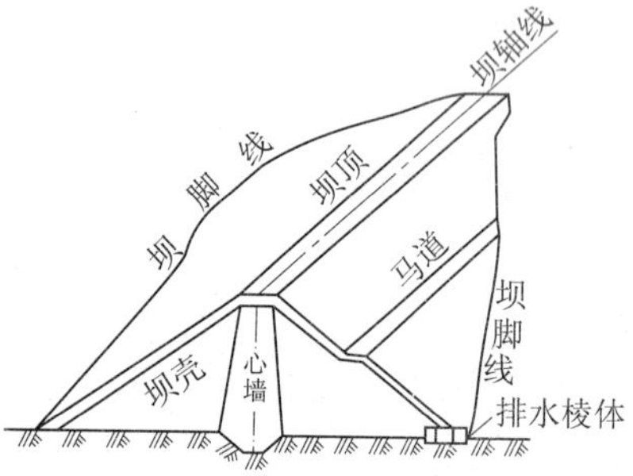

图 3-1　土石坝示意图

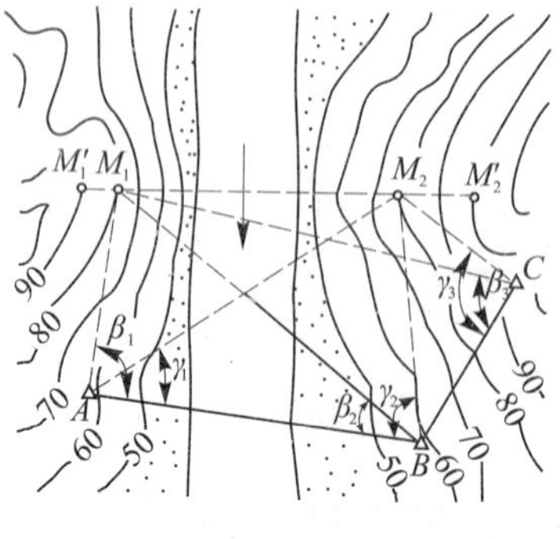

图 3-2　坝轴线测设示意图

2. 坝身控制线的测设

坝身控制一般要布设与坝轴线平行和垂直的一些控制线。

1)平行于坝轴线的控制线的测设

平行于坝轴线的控制线可布设在坝顶上下线、上下游坡面变化处、下游马道中线,也可按一定间隔布设(如 10 m、20 m、30 m 等),以便控制坝体的填筑和进行收方。在测设平行于坝轴线的控制线时,分别在坝轴线的端点 M_1、M_2、安置全站仪(或经纬仪),用测设 90°的方法各作一条垂直于坝轴线的横向基准线(见图 3-3),然后沿此基准线量取各平行控制线到坝轴线的距离,得各平行线的位置,用方向桩在实地标定。

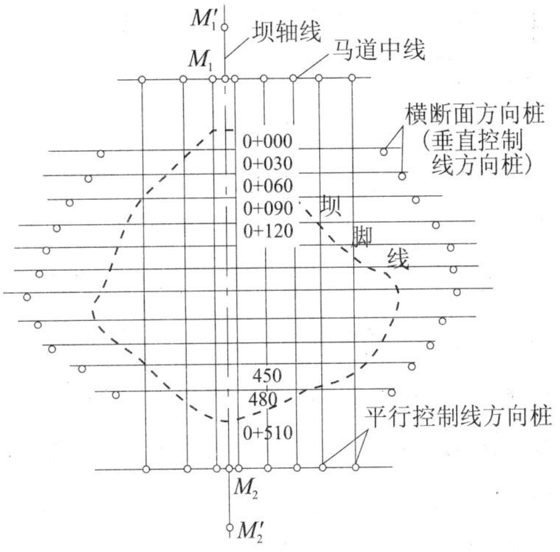

图 3-3 土坝坝身控制线示意图

2)垂直于坝轴线的控制线的测设

垂直于坝轴线的控制线,一般按 50 m、30 m 或 20 m 的间距以里程来测设(见图 3-3),其步骤如下:

(1)沿坝轴线测设里程桩。通常是将坝轴线上与坝顶设计高程一致的地面点,作为零号桩,其桩号为 0 +000。方法是:先在 M_1 点附近安置水准仪,后视已知水准点上的水准尺,设读数为 a,则零号桩上的水准尺读数 b 应为

$$b = (H_{已知} + a) - H_{坝顶} \tag{3-1}$$

式中:b 为零号桩上水准尺的读数,m;$H_{已知}$ 为已知水准点的高程,m;$H_{坝顶}$ 为坝顶设计高程,m。

(2)M_1 点安置经纬仪,瞄准另一端点 M_2,得坝轴线方向,持水准尺在坝轴线方向(经纬仪控制)移动,当水准仪读得读数为 b 时,立尺点即为零号桩。然后由零号桩起,用全站仪或经纬仪定线,沿坝轴线方向按选定的间距(如图 3-3 中为 30 m)丈量距离,顺序钉下 0 +030,0 +060,0 +090…里程桩,直至另一端坝顶与地面的交点。

(3)测设垂直于坝轴线的控制线。将经纬仪安置在里程桩上,瞄准 M_1 或 M_2,转 90°,即定出垂直于坝轴线的一系列平行线,并在上下游施工范围以外用方向桩标定在实地上,作为测量横断面和放样的依据,这些桩亦称横断面方向桩,如图 3-3 所示。

3. 高程控制网的建立

用于土坝施工放样的高程控制,可由若干永久性水准点组成基本网和临时作业水准点两级布设。基本网布设在施工范围以外,并应与国家水准点联测,组成闭合或附合水准路线,用三等或四等水推测量的方法施测,如图 3-4 所示。临时水准点直接用于坝体的高程放样,布置在施工范围以内不同高度的地方,并尽可能做到安置一、二次仪器

就能放样高程。临时水准点应根据施工进程及时设置,附合到永久水准点上。一般按四等或等外水准测量的方法施测,并要根据永久水准点定期进行检测。

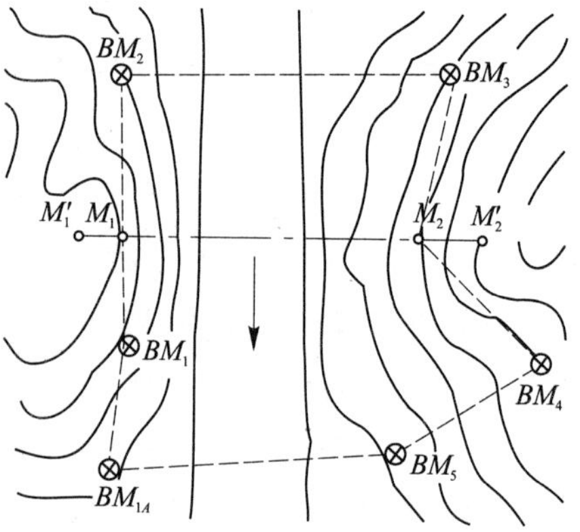

图 3-4 土坝高程基本控制网

4. 清基开挖线的放样

为使坝体与岩基很好结合,坝体填筑前,必须对基础进行清理,以彻底清除风化和半风化的岩石,露出新鲜的基岩。为此,应放出清基开挖线,即坝体与原地面的交线。其方法有套绘断面法(也称图解法)和经纬仪扫描法两种。清基开挖线的放样精度要求不高,可用图解法求得放样数据在现场放样。为此,先沿坝轴线测量纵断面,即测定轴线上各里程桩的高程绘出纵断面图,求出各里程桩的中心填土高度,再在每一里程桩进行横断面测量,绘出横断面图,最后根据里程桩的高程、中心填土高度与坝面坡度,在横断面图上套绘大坝的设计断面,如图 3-5 所示。从图中可以看出 R_1、R_2 为坝壳上下游清基开挖点,n_1、n_2 为心墙上下游清基开挖点,它们与坝轴线的距离分别为 d_1、d_2、d_3、d_4,可从图上量得,用这些数据即可在实地放样。但清基有一定深度,开挖时要有一定边坡,故 d_1 和 d_2 应根据深度适当加宽进行放样,用石灰连接各断面的清基开挖点,即为大坝的清基开挖线。

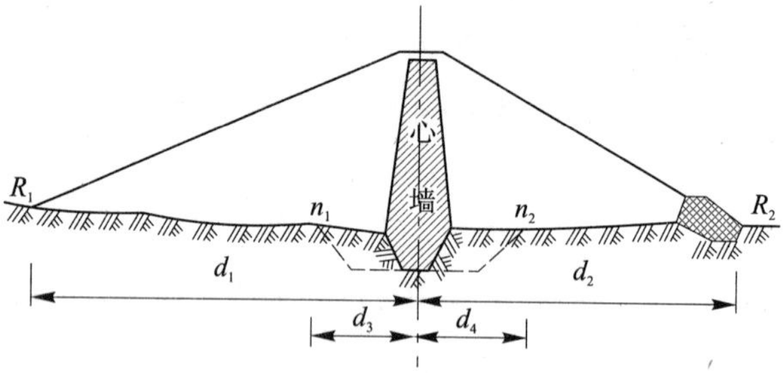

图 3-5 土坝清基测设示意图

5. 坝体坡脚线的放样

清基工作结束以后应放出坡脚线,以便填筑坝体。坝底与清基后地面的交线即为坡脚线,下面介绍两种放样方法。

1)横断面法

横断面法仍用图解法获得放样数据。首先恢复轴线上的所有里程桩,然后进行纵、横断面测量,绘出清基后的横断面图,套绘土坝设计断面,获得类似于图 3-5 所示的坝体与清基后地面的交点 R_1 及 R_2(上下游坡脚点)。d_1 及 d_2 即分别为该断面上、下游坡脚点的放样数据。在实地将这些点标定出来,分别连接上下游坡脚点即得上下游坡脚线,如图 3-3中虚线所示。

2)平行线法

这种方法以不同高程坝坡面与地面的交点获得坡脚线。在地形图的应用中，介绍的在地形图上确定土坝的坡脚线，是用已知高程的坝坡面(为一条平行于坝轴线的直线)，求得它与坝轴线间的距离，获得坡脚点。平行线法测设坡脚线的原理与此相同，不同的是由距离(平行控制线与坝轴线的间距为已知)求高程(坝坡面的高程)，而后在平行控制线方向上用高程放样的方法，定出坡脚点。如图 3-6 所示，AA' 为坝身平行控制线，距坝顶边线 25 m，若坝顶高程为 80 m，边坡为 1∶2.5，则 AA' 控制线与坝坡面相交的高程为：

$$H = 80 - 25 \times \frac{1}{2.5} = 70\ (\text{m}) \qquad (3\text{-}2)$$

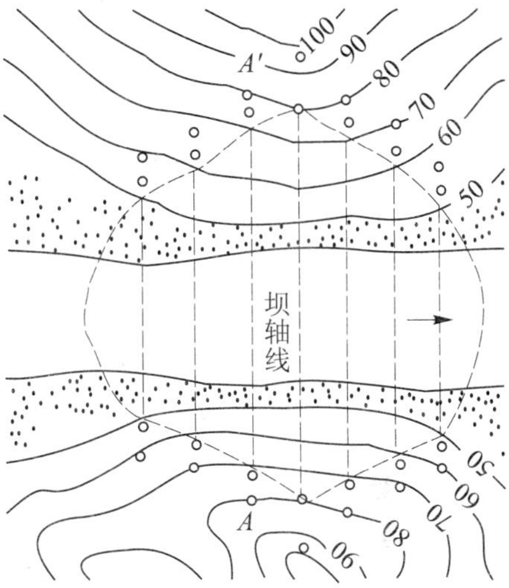

图 3-6　平行线法

放样时在 A 点安置经纬仪，瞄准定出 A' 控制线方向，用水准仪在经纬仪视线内探测高程为 70 m 的地面点，就是所求的坡脚点。连接各坡脚点即得坡脚线。

坝体坡脚放出后，就可填土筑坝，为了标明上料填土的界线，每当坝体升高 1 m 左右，就要用桩(称为上料桩)将边坡的位置标定出来。标定上料桩的工作称为边坡放样。放样前先要确定上料桩至坝轴线的水平距离(坝轴距)。由于坝面有一定坡度，随着坝体的升高，坝轴距将逐渐减小，因此预先要根据坝体的设计数据算出坡面上不同高程的坝轴距，为了使经过压实和修理的坝坡面恰好是设计的坡面，一般应加宽 1 ~ 2 m 填筑。上料桩就应标定在加宽的边坡线上(如图 3-7 中的虚线处)。因此，各上料桩的坝轴距比按设计所算数值要大 1 ~ 2 m，并将其编成放样数据表，供放样时使用。

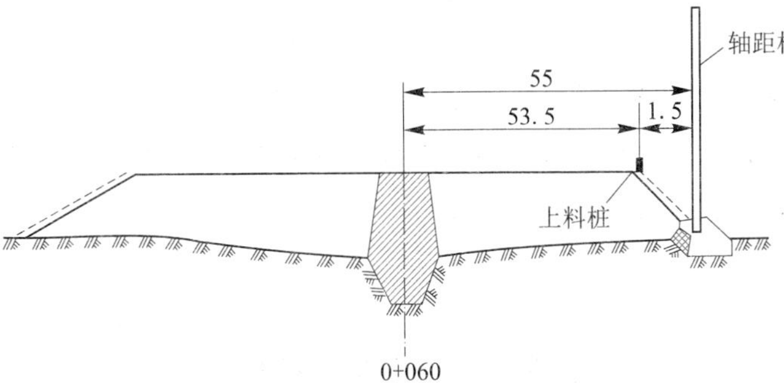

图 3-7　边坡放样示意图　(单位:m)

6. 修坡桩的标定

大坝填筑至一定高度且坡面压实后，要根据设计的坡面进行削坡整形，使其符合设计边坡的要求。常用的方法有水准仪法和经纬仪法。

采用经纬仪法的测设步骤如下：

(1)计算坡度倾斜角。设计边坡为 1∶m，倾斜角按式(3-3)计算：

$$\delta = \arctan \frac{1}{m} \tag{3-3}$$

(2)在坝顶的坝肩附近安置经纬仪，量取仪器高 i，将望远镜视线向下倾斜 α 角，此时的视线平行于设计坡面，如图 3-8 所示。

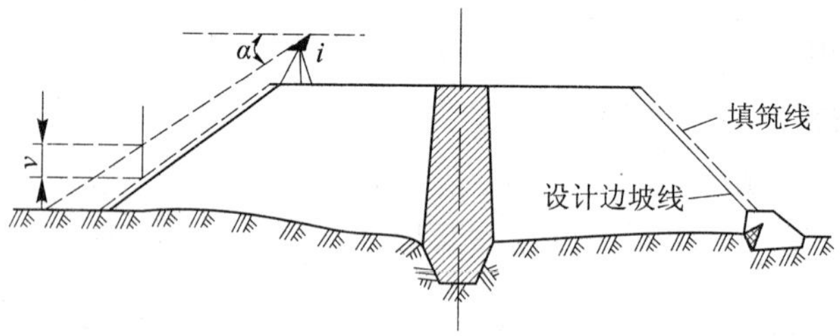

图 3-8　坡面修整示意图

(3)沿视线方向，每隔一定距离竖立水准尺，设中丝读数为 v，则立尺点的修坡厚度为：

$$\delta = i - v \tag{3-4}$$

(4)如果安置经纬仪的地点与设计高程不符，若坝顶的实际高程为 H_i，设计高程为 H_0，则实际削坡厚度为：

$$\delta = (i - v) + (H_i - H_0) \tag{3-5}$$

7. 护坡桩的测设

土坝坡面修整完后，对于有护坡设计的坝段，需要用草皮、块石或混凝土预制块、现浇混凝土等方式进行护坡，防止土坝坡面变形和冲刷，具体测设方法如下：

(1)从坡脚开始，沿坝体坡面向坝顶方向，以每隔一定距离(纵向 10 m，横向 5 m)设置一排与坝轴线垂直的护坡桩。护坡桩在坝面上构成方格网形状。

(2)在垂直坝轴线的各排木桩上，测设护坡设计高程钉，并拉通线，用于控制横向坡度。

(3)沿横向控制桩，在桩上拴上一根通线，用于控制坡度。

(4)在平行于坝轴线方向上设置一根可以沿横向断面线上下滑动(其运动轨迹就是设计坝坡面)的细线，然后依次进行护坡施工。

3.1.2　经典案例

案例　坝坡面的放样

上料桩的轴距是根据上料层的高程计算出来的。如图 3-9 所示，某土坝的高程为 102.5 m，顶宽为 8 m，上游边坡为 1∶3.0，上料层的高程为 80.0 m，则上料桩的轴距：

$$d_A = \frac{8}{2} + (102.5 - 80.0) \times 3 = 71.50\ (\text{m})$$

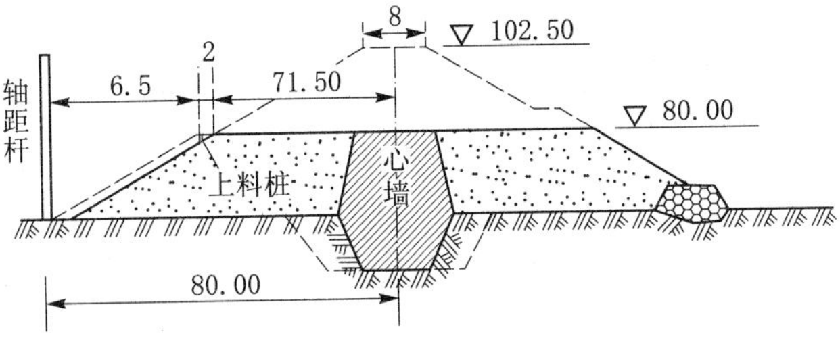

图 3-9　土坝坡面示意图　（单位:m）

由于坡面需要压实,所以应根据不同的土质,在填土时将计算的轴距外加 1 ~2 m,即为上料桩位置。随着土坝筑高,应随时修定上料桩。

放样时,在填土处以外预先埋设轴距杆,轴距杆距坝轴线的距离主要考虑便于量距、放样,如图 3-9 中为 80 m。此时,从坝轴杆向坝轴线方向量取

$$80-(71.50+2)=6.50\ (\mathrm{m})$$

即为上料桩的位置。

3.1.3　任务实施

任务 1　坝轴线施工控制网布设

(1)训练目的:进一步掌握经纬仪或全站仪的使用,熟练布设坝轴线施工控制网。

(2)训练场地:学校实训中心。

(3)操作时间:30 min。

(4)使用仪器:经纬仪或全站仪、钢尺等。

(5)已知数据:如图 3-10 所示。

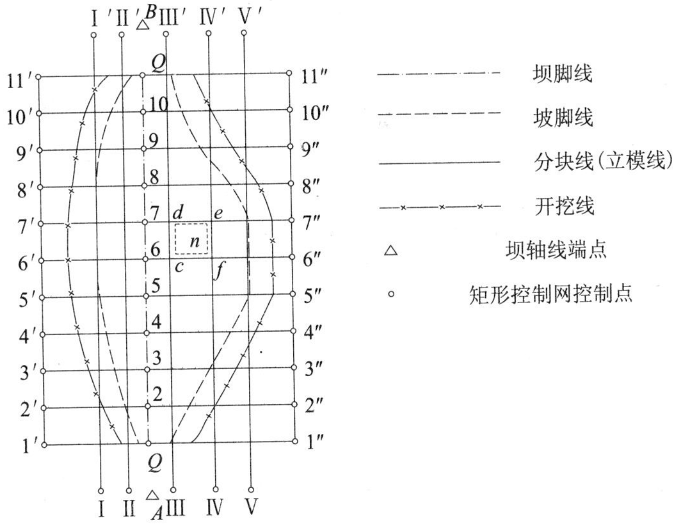

图 3-10　施工矩形控制网示意图

(6)训练内容：

①经纬仪测设施工矩形控制网。

②距离测量。

(7)训练要求：

①在矩形网测设过程中，方向线测设必须采用盘左、盘右两个盘位测设，取其平均值作为最后结果。距离丈量也应往返丈量，以免发生差错。

②作业水准点或施工水准点，随施工进程布设，尽可能布设成闭合或附合水准路线。

③测量数据填入表中，记录完整、清洁，无错误，绘制现场草图。

④制作土坝施工控制网测量记录表格。

【训练实例】训练时，按教师要求合理选择练习场地，对于控制网放样间距可选用5 m。

任务2　坡脚线的放样

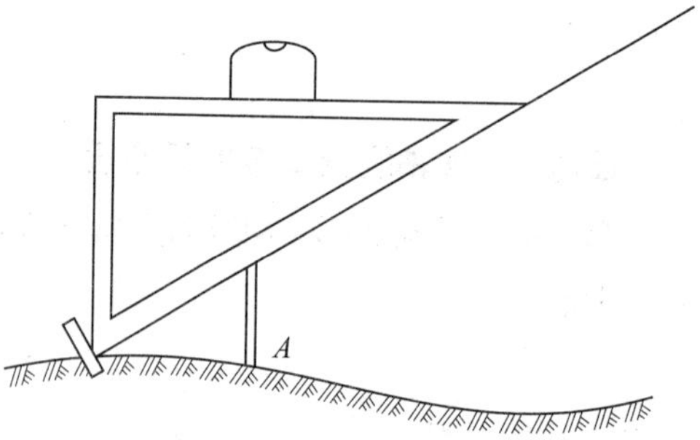

图3-11　坡脚线放样示意图

(1)训练目的：进一步掌握水准仪和坡度尺的使用，掌握坡脚线的放样方法。

(2)训练场地：学校实训中心。

(3)操作时间：20 min。

(4)使用仪器：水准仪、坡度尺等。

(5)已知数据：现场教师设定。

(6)训练内容：

①水准仪高程测量。

②三角形坡度放样板的应用。

(7)训练要求：

①制作上下游坝脚线一致的三角形坡度放样板。

②将坡度放样板的斜边放在桩顶，左右移动，使圆水准气泡居中。

3.1.4 任务评价

项目部____________ **学号**____________ **学生**____________ **成绩**____________

<table>
<tr><td>工作项目</td><td colspan="2"></td><td colspan="2">实训日期</td><td>计划学时</td></tr>
<tr><td>工作内容</td><td colspan="2"></td><td colspan="2"></td><td></td></tr>
<tr><td>教学方法</td><td colspan="5">任务驱动(理论+实践)</td></tr>
<tr><td rowspan="2">工作目标</td><td colspan="2">知识</td><td colspan="2">能力</td><td>素质</td></tr>
<tr><td colspan="2">了解土坝施工控制网的建立,学会大坝轴线、清基开挖边线的定位</td><td colspan="2">掌握坝体施工控制网的布设及清基线、坡脚线的放样</td><td>培养学生理论联系实际、分析问题和解决问题的能力,使学生具有严格认真的科学态度、团结协作的集体观念</td></tr>
<tr><td>工作重点及难点</td><td colspan="5">重点是大坝轴线、清基开挖线的定位;
难点是坡度线的测放</td></tr>
<tr><td>工作任务及能力训练任务</td><td colspan="5">以校园为实训范围,6人一组开展大坝轴线、清基开挖线的定位放样以及坝体坡脚线的放样、修坡桩的测设</td></tr>
<tr><td>工作成果</td><td colspan="2"></td><td colspan="3"></td></tr>
<tr><td>评价标准</td><td>A.很积极主动,团队合作很好;
B.积极主动,团队合作好;
C.较积极主动,团队合作尚好;
D.不主动,合作尚好;
E.不主动,合作差</td><td>A.内容全面,目标合理;
B.内容全面,目标较合理;
C.内容基本正确;
D.内容不正确;
E.无内容</td><td>A.方法应用很正确;
B.方法正确;
C.方法基本正确;
D.方法不正确;
E.无方法</td><td>A.形式美观,有特色;
B.形式美观;
C.形式合理;
D.形式尚合理;
E.形式不合理</td><td>综合</td></tr>
<tr><td>学生自评</td><td></td><td></td><td></td><td></td><td></td></tr>
<tr><td>学生互评</td><td></td><td></td><td></td><td></td><td></td></tr>
<tr><td>教师评价</td><td></td><td></td><td></td><td></td><td></td></tr>
<tr><td>任务评价</td><td colspan="5">学生自评(0.2)+学生互评(0.3)+教师评价(0.5)</td></tr>
<tr><td colspan="6">A.90~100分　B.80~89分　C.70~79分　D.60~69分　E.60分以下</td></tr>
</table>

3.1.5 推荐阅读书目

[1]《工程测量》,张仁主编,水利水电出版社,2004。

[2]《工程测量技术》,唐保华主编,中国电力出版社,2007。

任务 3.2 水闸的施工放样实训指导

【学习任务】

(1)了解水闸的施工放样;

(2)掌握水闸安装测量的基本工作。

【学习目标】

(1)具有准确的叙事能力,熟悉弧形闸门的安装测量工作;

(2)具备熟练操作水准仪观测悬挂钢尺的能力。

3.2.1 相关知识

水闸具有挡水和泄水的作用,一般由闸室段和上、下游连接段三部分组成,如图 3-12 所示。闸室是水闸的主体,这一部分包括底板、闸墩、闸门、工作桥和交通桥等。上、下游连接段有防冲槽、消力池、翼墙、护坦、海漫、护坡等防冲设施。水闸的施工放样,应先放出主轴线和整体基础开挖线;在基础浇筑时,为了在底板上预留闸墩和翼墙的连接钢筋,应放出闸墩和翼墙的位置;最后是水闸细部放样。

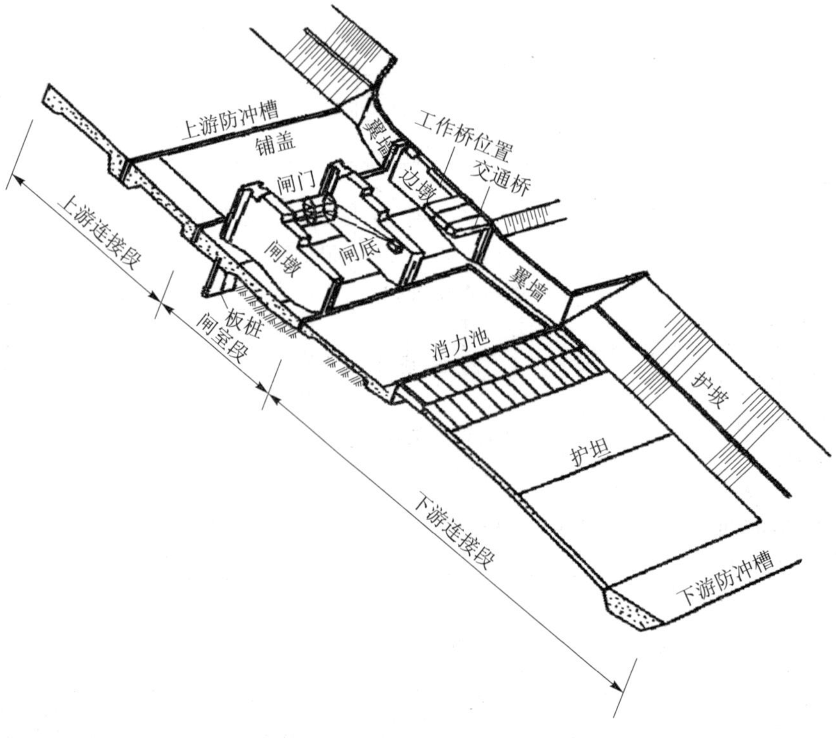

图 3-12　水闸结构示意图

3.2.1.1　**主轴线的测设**

水闸主轴线的测设，就是在施工现场标定水闸轴线端点的位置。水闸主轴线由闸室中心线和河道中心线两条互相垂直的直线组成。如图3-13所示，从水闸设计图上可以定出两轴交点和各端点的坐标。根据坐标反算出它们与邻近测量控制点的方位角，用前方交会法定出它们的实地位置。主轴线定出后，应在交点检测它们是否相互垂直；若误差超过±10″，应以闸室中心线为基准，重新测设一条与它垂直的直线作为纵向主轴线。主轴线测定后，应向两端延长至施工影响范围之外，每端各埋设两个固定标志(如闸室中心线的A、A'和B、B'以表示方向和检查轴线位置。

3.2.1.2　**高程控制测量**

高程控制测量采用三等或四等水准测量方法测定。水准基点布设在河流两岸不受施工干扰的地方，临时水准点尽量靠近水闸位置(见图3-13)，可以布设在河滩上，其高程要随时检测。另外，尽可能达到安置1～2次仪器就能测出水闸上各部位的高程。

3.2.1.3　**基础开挖线放样**

水闸基坑开挖线是由水闸底板的周界以及翼墙、护坡等与地面的交线决定的。如图3-14所示，测设步骤如下：

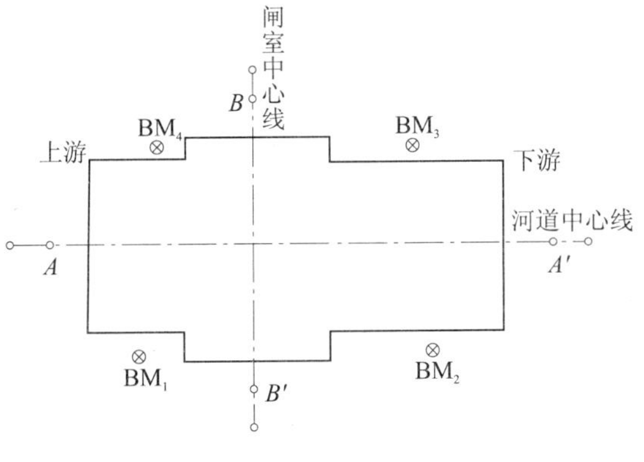

图3-13　水闸主轴线的标定

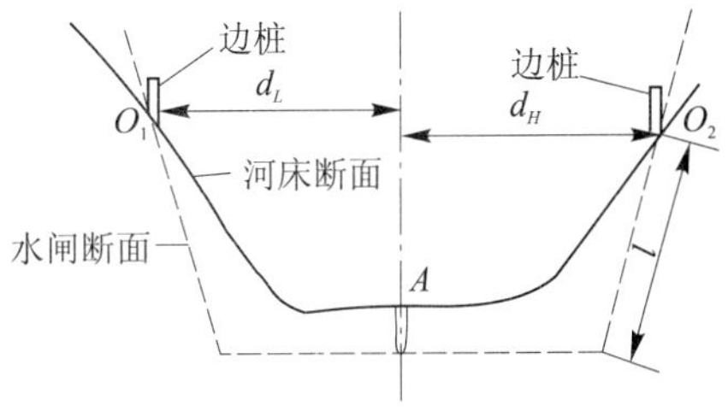

图3-14　水闸基础开挖点位置确定示意

(1)从设计图上查取闸底板形状变化点至闸室中心线的平距，在实地沿纵向主轴线标出这些点的位置，并测定其高程和测绘相应的河床横断面图。

(2)根据设计数据(即相应的闸底板高程和宽度，翼墙和护坡的坡度)在河床横断面图上套绘相应的水闸断面。

(3)量取两横断面线交点O_1、O_2到测站点A(纵轴)的距离d_L、d_H，即可在实地放出这些交点，连成开挖边线。

为了控制开挖高程，可将斜高l标注在开挖边桩上。当挖到接近底板高程时，一般应预留0.3 m左右的保护层，待底板浇筑时再挖去，以免间隔时间过长，清理后的地基受雨水冲刷而变化。当挖去保护层时，要用水准仪测定底面高程，测定误差不能超过±10 mm。

3.2.1.4 闸底板的放样

底板是闸室和上、下游翼墙的基础。闸孔较多的大中型水闸底板是分块浇筑的。底板放样的目的首先是测设出每块底板立模线的位置，以便装置模板进行浇筑。底板浇筑完后，要在底板上定出主轴线、各闸孔中心线和门槽控制线，并弹墨标明。然后以这些轴线为基准标出闸墩和翼墙的立模线，以便安装模板。

1. 底板立模线的标定和底板浇筑高程的控制

为了定出立模线，先应在清基后的地面上恢复主轴线及其交点的位置，于是必须在原轴线两端的标桩上安置经纬仪进行投测。轴线恢复后，从设计图上量取底板四角的施工坐标（至主轴线的距离），便可在实地上标出立模线的位置。模板装完后，用水准测量在模板内侧标出底板浇筑高程的位置，并弹出墨线表示。

2. 翼墙和闸墩位置及其立模线的标定

由于翼墙与闸墩是和底板结成一个整体的，因此它们的主筋必须一道结扎，于是在标定底板立模线时，还应标定翼墙和闸墩的位置，以便竖立连接钢筋。翼墙、闸墩的中心位置及其轮廓线，也是根据它们的施工坐标进行放样，并在地基上打桩标明。

底板浇筑完后，应在底板上再恢复主轴线，然后以主轴线为依据，根据其他轴线对主轴线的距离定出这些轴线（包括闸孔和闸墩中心线以及门槽控制线等），且弹墨标明。因为墨线容易脱落，放必须每隔 2 ~ 3 m 用红漆画一个圈点表示轴线位置。各轴线应按不同的方式进行编号。根据墩、墙的尺寸和已标明的轴线，再放出立模线的位置。

3.2.1.5 闸墩的放样

闸墩放样时首先放出闸墩中线，然后以中线为依据放样闸墩的轮廓线。闸墩中线是根据主轴线测设的，以主轴线为依据，现场定出闸孔中线、闸墩中线、闸墩基础开挖线以及闸底板的边线。

闸墩平面位置的轮廓线，分为直线和曲线。直线部分可根据平面图上设计的有关尺寸，用直角坐标法放样。闸墩上游一般设计成曲线，放样前，应按设计的椭圆方程式，计算曲线上相隔一定距离点的坐标，由各点坐标可求出椭圆的对称中心点至各点的放样数据，一般采用极坐标法放样。

闸墩各部位的高程，根据施工场地布设的临时水准点，按高程放样方法在模板内侧标出高程点。随着墩体的增高，有些部位的高程不能用水准测量法放样，这时可用钢卷尺从已浇筑的混凝土高程点上直接丈量放出设计高程。

3.2.1.6 下游溢流面的放样

闸室下游的溢流面通常设计成抛物线，目的是为了减小水流通过闸室的能量，以降低水流对闸室的冲击力。放样步骤为如下：

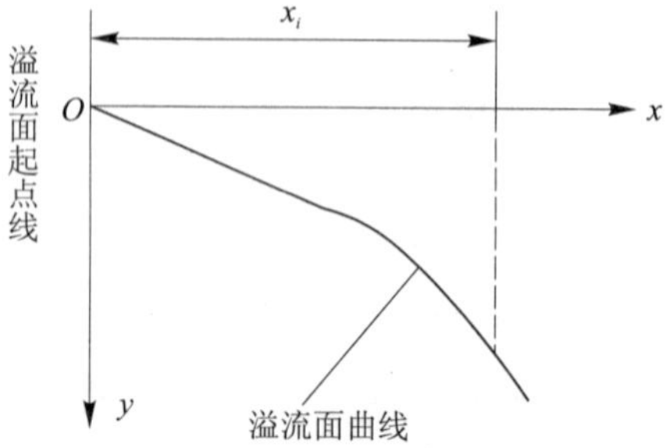

图 3-15　溢流面局部坐标

(1) 以闸室下游水平方向为 x 轴，闸室底板下游高程为溢流面的起点（变坡点），也就是坐标的原点，通过原点的铅垂方向为 y 轴建立坐标系，如图 3-15 所示。

(2) 溢流面上各点的设计高程不同，沿 x 轴方

向每隔 1 ~ 2 m 选择一点，则抛物线（溢流面的纵剖面是抛物线）上各点的高程可按式(3-6)计算，即

$$H = H_0 - y_i \tag{3-6}$$

(3) 在闸室下游两侧设置垂直的样板架，根据选定的水平距离，在两侧样板架上作垂线，再用水准仪按放样已知高程点的方法，在各垂线上标出相应点的位置。

(4)将各高程标志点连接起来，即为设计的抛物面与样板架的交线，该交线就是抛物线。

3.2.1.7 上层建筑物的轴线测设和高程控制

当闸墩浇筑到一定高度时，应在墩地上测定一条高程为整米数的水平线，用弹墨表示出来，作为继续往上浇筑时量算高程的依据。当闸墩浇筑完工后，应在闸墩上标出闸的主轴线，再根据主轴线定出工作桥和交通桥中心线。值得注意的是，在闸墩上立模浇筑最后一层（盖顶）时，为了保证各墩顶高程相等，并符合设计要求，应用水准测量检查和校正模板内的标高线。在浇筑闸墩的整个过程中，应随时注意检查模板是否装正，两墩间门槽的方向和间距是否一致。

3.2.2 经典案例

案例 弧形闸门的安装测量

弧形闸门安装测量的主要工作步骤如下：

(1)准备工作。

①闸底板浇筑好后，要及时将闸孔中心线与坝轴线的交点在预埋的钢板上精确标定出来，作为放样闸室内其他辅助线的依据。

②当混凝土坝浇筑到门铰高程时，根据门铰的设计位置，在模板上设置一块带钢筋的铁板，用于精确标定门铰位置。

(2)门楣底槛和门铰中线的放样是根据图上设计距离，从坝轴线与闸孔中心线的交点起，进行放样门楣、底槛和门铰中线。门铰中线的放样，首先用经纬仪投测在闸孔两侧预埋的铁板上（即在铁板上先画一条短垂线），再用水准仪观测悬挂的钢卷尺，在短垂线上标定门铰中心的高程位置。

(3)侧轨中心线的放样。

①在闸室的地面上，采用设置门铰中线的方法，首先确定一条基准线和一条辅助线，然后用经纬仪将两条线投测到闸孔两侧的混凝土墙上，用细线标定。基准线到门铰中线距离最好是一整数，如图 3-16 所示，该数值为 7 m。采用水准仪观测悬挂的钢卷尺，在基准线和辅助线上每隔 0.5 m 或 1 m 测定一些高程点。

②计算侧轨中线上每一个高程点至门铰中线的水平距离，并换算侧轨中线到基准线的水平距离。如图 3-16 所示，门铰中线到侧轨中心线起点（底槛）的水平距离为

$$AB = \sqrt{R^2 - H^2} \tag{3-7}$$

将图 3-16 中已知数据代入式(3-6)，则

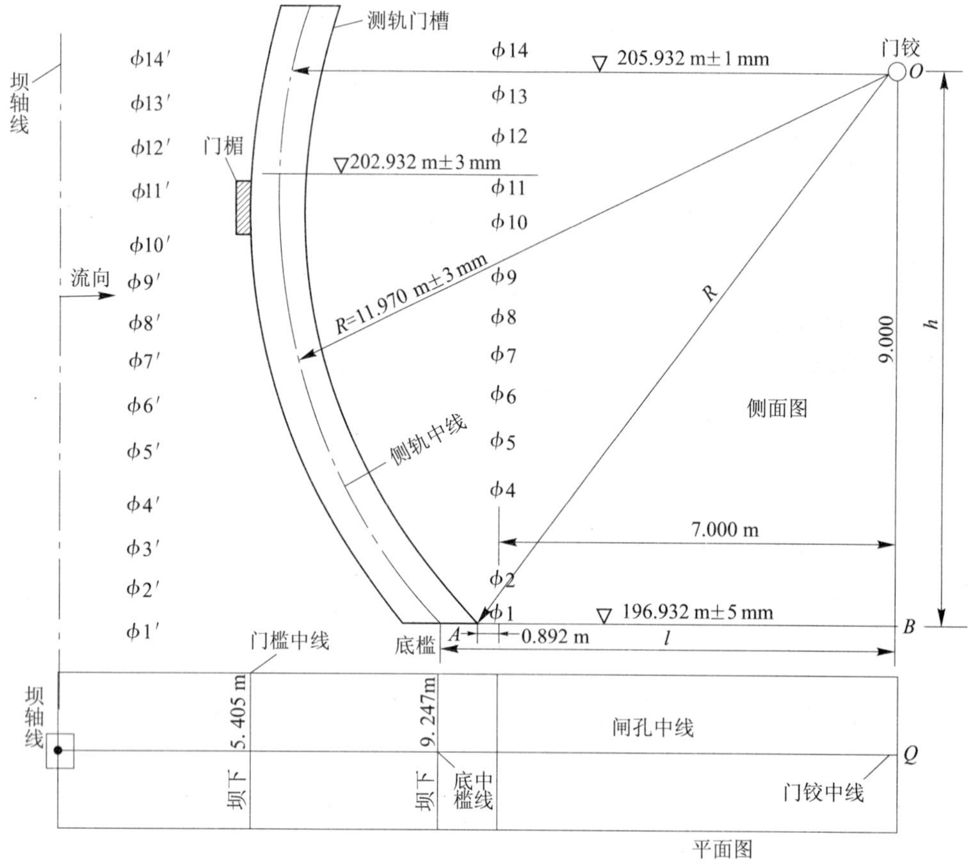

图 3-16　弧形闸门平面与侧面示意图

$$AB = 7.892\ \text{m}$$

③放样侧轨中线。设基准线到门铰中线的距离为 7 m,从基准线上 1 点向左丈量 0.892 m,即是底槛位置。因此,在测设侧轨中线上其他点时,均将算得的距离减去基准线到门铰中线的距离。然后用钢尺从基准线丈量一段距离,即得到侧轨放样点,连接这些放样点即是侧轨中线。为了方便施工放样,可将侧轨中线上放样点到门铰中线、侧轨中线至基准线的水平距离,事前编算成表,以备放样查用。表 3-1 为用已知数据编算的放样表。

表 3-1　弧形闸门侧轨中线放样数据

水平距离(m)	门铰中线上高程点(m)						备注
	196.932	198.000	199.000	200.000	…	205.932	
测轨中线到门铰中线(m)	7.892	8.965	9.758	11.397	…	11.970	
测轨中线到基准线(m)	0.892	1.965	2.758	3.397	…	4.970	

按照上述方法,可以求出测轨中心线上各设计点至辅助线及门铰中线的有关水平距

离。放样时,可用辅助线到测轨中心线的水平距离来校核测轨中线,以提高闸门安装放样的精度。

3.2.3 任务实施

任务 弧形闸门的安装测量

(1)训练目的:进一步掌握水闸的放样,尤其是弧形闸门。

(2)训练场地:实训室或水工实验室。

(3)训练时间:20 min。

(4)使用仪器:弧形闸门的模型、水准仪、钢卷尺等。

(5)已知数据:见图 3-16 和表 3-1。

(6)训练内容:

①叙述弧形闸门施工步骤和表达能力。

②水准仪观测悬挂的钢尺。

(7)训练要求:

①合理叙述弧形闸门的放样过程。

②水准仪读数,保留精度。

③记录完整、清洁,无错误。

【训练实例】训练时,在水工实验室见弧形闸门模型,叙述弧形闸门的放样过程,在演示水准仪观测悬挂的钢尺,要求学生读数,并填写表 3-2。

表 3-2 施工放样表

<table>
<tr><td>工程名称</td><td colspan="2"></td><td colspan="2">工程(分项)
工程名称</td><td></td><td>图号</td><td></td><td>测量时间</td><td></td></tr>
<tr><td rowspan="2">桩号</td><td colspan="2">设计坐标</td><td colspan="2">实测坐标</td><td colspan="2">差值</td><td colspan="2">高程</td><td rowspan="2">备注</td></tr>
<tr><td>X</td><td>Y</td><td>X</td><td>Y</td><td>X</td><td>Y</td><td>实测</td><td>差值</td></tr>
<tr><td></td><td></td><td></td><td></td><td></td><td></td><td></td><td></td><td></td><td></td></tr>
<tr><td></td><td></td><td></td><td></td><td></td><td></td><td></td><td></td><td></td><td></td></tr>
<tr><td></td><td></td><td></td><td></td><td></td><td></td><td></td><td></td><td></td><td></td></tr>
<tr><td></td><td></td><td></td><td></td><td></td><td></td><td></td><td></td><td></td><td></td></tr>
<tr><td></td><td></td><td></td><td></td><td></td><td></td><td></td><td></td><td></td><td></td></tr>
<tr><td></td><td></td><td></td><td></td><td></td><td></td><td></td><td></td><td></td><td></td></tr>
<tr><td></td><td></td><td></td><td></td><td></td><td></td><td></td><td></td><td></td><td></td></tr>
<tr><td></td><td></td><td></td><td></td><td></td><td></td><td></td><td></td><td></td><td></td></tr>
<tr><td colspan="6">测站点:　X:　　Y:　　H:</td><td colspan="4">后视点:　X:　　Y:　　H:</td></tr>
</table>

测量:　　　　　　　　专业监理工程师:　　　　　　　　日期:

3.2.4 任务评价

项目部____________ **学号**____________ **学生**____________ **成绩**____________

<table>
<tr><td>工作项目</td><td colspan="2"></td><td colspan="2">实训日期</td><td>计划学时</td></tr>
<tr><td>工作内容</td><td colspan="2"></td><td colspan="2"></td><td></td></tr>
<tr><td>教学方法</td><td colspan="5">参观法和演示法(理论+实践)</td></tr>
<tr><td rowspan="2">工作目标</td><td colspan="2">知识</td><td colspan="2">能力</td><td>素质</td></tr>
<tr><td colspan="2">了解水闸的施工放样;
理解安装测量的基本工作步骤</td><td colspan="2">能准确叙述弧形闸门施工步骤;
能准确应用水准仪观测悬挂的钢尺</td><td>培养学生理论联系实际、分析问题和解决问题的能力以及能够合理识图,一丝不苟的工作精神</td></tr>
<tr><td>工作重点及难点</td><td colspan="5">重点是水闸主要轴线的放样和弧形闸门的安装测量;
难点是弧形闸门的安装测量和溢流面抛物面的放样</td></tr>
<tr><td>工作任务及能力训练任务</td><td colspan="2">弧形闸门的安装测量</td><td colspan="3">水准仪观测悬挂的钢尺</td></tr>
<tr><td>工作成果</td><td colspan="2"></td><td colspan="3"></td></tr>
<tr><td>评价标准</td><td>A.很积极主动,个人表述准确;
B.积极主动,表述好;
C.较积极主动,表述较好;
D.不主动,基本表述准确;
E.不主动,表述能力差</td><td>A.内容全面,目标合理;
B.内容全面,目标较合理;
C.内容基本正确;
D.内容不正确;
E.无内容</td><td>A.方法应用很正确;
B.方法正确;
C.方法基本正确;
D.方法不正确;
E.无方法</td><td>A.形式美观,有特色;
B.形式美观;
C.形式合理;
D.形式尚合理;
E.形式不合理</td><td>综合</td></tr>
<tr><td>学生自评</td><td></td><td></td><td></td><td></td><td></td></tr>
<tr><td>学生互评</td><td></td><td></td><td></td><td></td><td></td></tr>
<tr><td>教师评价</td><td></td><td></td><td></td><td></td><td></td></tr>
<tr><td>任务评价</td><td colspan="5">学生自评(0.2)+学生互评(0.3)+教师评价(0.5)</td></tr>
<tr><td colspan="6">A.90~100分 B.80~89分 C.70~79分 D.60~69分 E.60分以下</td></tr>
</table>

3.2.5 查找资料(上网或图书馆)

[1]弧形闸门安装测量作业指导书。

[2]弧形工作闸门安装方案。

任务3.3 隧洞施工测量实训指导

【学习任务】

(1)了解隧洞的分类和施工方法;

(2)掌握腰线法测设隧洞坡度。

【学习目标】

(1)能准确叙述隧洞中线的标定方法;

(2)能准确叙述隧洞坡度标定方法和会腰线法测设坡度。

3.3.1 相关知识

在水利工程中,导流隧洞是一项重要的内容,在公路、铁路等线路工程中,隧洞是穿越山体等障碍物的通道,隧洞还是地下工程施工中地面与地下联系的通道。隧洞施工测量与隧洞的结构形式、施工方法密切相关,一般情况下,隧洞由两端相向开挖,有时为了加快工程进度,采取多井开挖以增加工作面的办法,如图3-17所示,a、b、d为平硐,c为竖井,e为斜井。

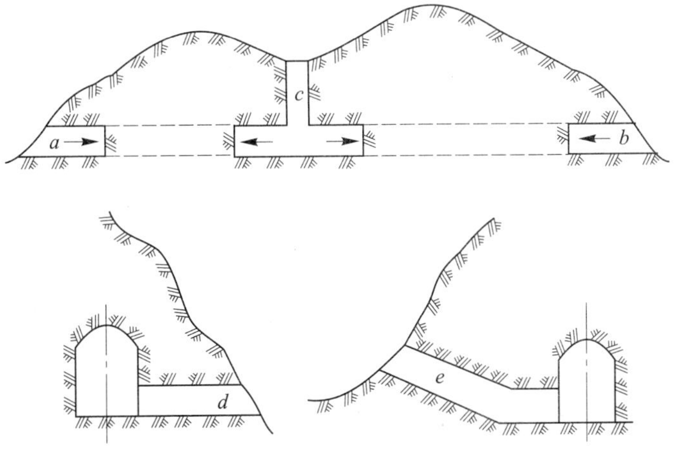

图3-17 平硐、竖井、斜井示意图

为了保证隧洞的正确贯通,隧洞施工测量的主要任务是标定隧洞中心线和腰线,以控制掘进中线的方向和坡度,确保按设计要求贯通。另外,还要随时控制掘进断面的形状和尺寸。因此,隧洞施工测量的工作一般包括洞外控制测量、洞内外联系测量、洞内控制测量和隧洞施工测量等。

在对向开挖的隧洞贯通面上，中线不能吻合，这种偏差称为贯通误差。贯通误差包括纵向误差、横向误差、高程误差。其中，纵向误差只影响隧洞的中线长度，容易满足设计要求。所以，根据具体工种性质、隧洞长度和施工方法的不同，一般只规定贯通面上的横向误差及高程误差的限差：横向误差不超过 10 cm，高程误差不超过 5 cm。在隧洞施工过程中，需要利用测量技术指定隧洞的开挖井位、开挖方向，控制隧洞的贯通误差等，不同工程对贯通误差的容许值有具体规定。

3.3.1.1 洞外控制测量

洞外控制测量主要是对隧洞进行定位、定向和控制。隧洞开挖之前，首先要进行洞外控制测量，其目的是决定隧洞洞口的位量，并为确定中线掘进方向和高程放样提供依据。它包括平面控制和高程控制两部分，平面控制测量通常采用导线测量方法，高程控制测量一般采用水准测量的方法。

1. 平面控制测量

隧洞工程平面控制测量的主要任务是测定各洞口控制点的平面位置，以便利用洞口控制点将设计方向导向地下，指引隧洞开挖，按规定的精度进行贯通。隧洞平面控制网可以采用三角锁、导线、GPS 网等形式。三角锁是以前常用的形式，特别适用于地形复杂的山岭地区，目前已很少使用，所以不再赘述，主要介绍导线和 GPS 网两种方法。

1）导线测量

连接两隧洞口布设一条导线或大致平行的两条导线，导线的转折角和边长用全站仪观测（或者用经纬仪观测角度，用光电测距仪观测距离）。导线测量可以根据隧洞长度、施工方法及精度要求选择布设的相应等级，其测角的测回数、测距的测回数、角度闭合差、测距误差、全长相对闭合差等必须满足相应的规范要求。

2）GPS 测量

GPS 技术应用于隧洞平面控制时，仅需布设洞口控制点和定向点，但两者要求相互通视，以便施工定向。对于不同洞口之间的点以及国家控制点或城市控制点之间的联测则不需要通视。因为 GPS 控制点布设灵活方便，且定位精度目前已优于常规控制方法，因此广泛应用在隧洞的首级控制网中。

对于长度较短的直线隧洞，可以采用直接定线法。直接定线法就是把直线隧洞的中线方向在地面上标定出来，即在地面测设出位于 *AD* 直线方向上的 *B*、*C* 两点，作为洞口点 *A*、*D*（如图 3-18 所示，*A*、*D* 两点是设计的直线隧洞洞口点）向洞内引侧中线方向时的定向点。

隧洞洞外平面控制测量的等级，应根据隧洞的长度按表 3-2 规定，隧洞控制测量对贯通中误差的影响值，不应大于表3-3 的规定。

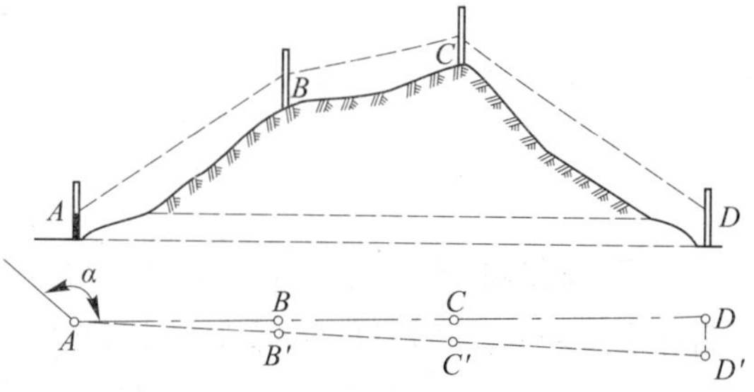

图 3-18　直接定线法进行洞外控制测量示意图

表 3-3　隧洞洞外平面控制测量的等级

洞外平面控制网类别	洞外平面控制网等级	测角中误差(″)	隧洞长度 L(km)
GPS 网	二等	—	$L>5$
	三等	—	$L\leqslant5$
三角形网	二等	1.0	$L>5$
	三等	1.8	$2<L\leqslant5$
	四等	2.5	$0.5<L\leqslant2$
	一级	5	$L\leqslant0.5$
导线网	三等	1.8	$2<L\leqslant5$
	四等	2.5	$0.5<L\leqslant2$
	一级	3	$L\leqslant0.5$

表 3-4　隧洞控制测量对贯通中误差影响值的限值

<table>
<tr><th rowspan="3">两开挖洞口间的长度(km)</th><th colspan="4">横向贯通中误差(mm)</th><th colspan="2">高超贯通中误差(mm)</th></tr>
<tr><th rowspan="2">洞外控制测量</th><th colspan="2">洞内控制测量</th><th rowspan="2">竖井联系测量</th><th rowspan="2">洞外</th><th rowspan="2">洞内</th></tr>
<tr><th>无竖井的</th><th>有竖井的</th></tr>
<tr><td>$L<4$</td><td>25</td><td>45</td><td>35</td><td>25</td><td rowspan="3">25</td><td rowspan="3">25</td></tr>
<tr><td>$4\leqslant L<8$</td><td>35</td><td>65</td><td>55</td><td>35</td></tr>
<tr><td>$8\leqslant L<10$</td><td>50</td><td>85</td><td>70</td><td>50</td></tr>
</table>

2. 高程控制测量

高程控制测量的任务是按规定的精度施测隧洞洞口(包括隧洞的进出口、竖井口、斜井口和平硐口)附近水准点的高程,作为高程引测进洞的依据。高程控制一般采用三、四等水准测量的方法,按往返或闭合路线施测,即可以满足高程贯通误差的要求。水准点之间的高差以安置一次仪器即可联测为宜。隧洞洞内、洞外高程控制网的等级如表 3-5 所示。

表 3-5　隧洞洞外、洞内高程控制测真的等级

高程控制网类别	等级	每千米高差中误差(mm)	洞外水准路线长度或两开挖洞口间长度 S(km)
水准网	二等	2	$S>5$
	三等	6	$6<S\leqslant16$
	四等	10	$S\leqslant6$

建立水准网时,基本水准点应该选择在开挖爆破区域以外地基比较稳固的地方,作业水准点布设在洞口附近,每个洞口应该有两个以上水准点,以便校核。两端洞口之间的距离大于 1 km 时,应在中间增设临时水准点。为了达到设站少、观测快、精度高的要求,在水准测量时应选择连接洞口最平坦和最短的线路。

3.3.1.2 洞内施工测量

洞外平面及高程控制测量结束以后，就可得到洞口点（洞口控制点的简称，每个洞口至少有两个）的坐标和高程，此时即可根据隧洞设计参数计算洞内中线点的设计坐标和高程。通过坐标反算得到测设数据，即洞内中线点与洞口点之间的距离、角度和高差关系。

1. 洞口掘进方向标定

隧洞贯通的主要误差为横向误差和高程误差，而横向误差主要由隧洞中线方向的测设精度所决定，所以进洞时的初始方向更加重要。因此，在隧洞口要埋设若干个固定点，并将隧洞中线方向标定于地面，作为开始掘进的依据，同时也作为以后与洞内控制点联测的依据。如图 3-19 所示，用 1、2、3、4 标定掘进方向，再在洞口点 A 与中线垂直的方向上埋设 5、6、7、8 桩，并测定 A 点至 2、3、6、7 点的平距。这样，在施工过程中可以随时检查或恢复洞口控制点的位置和进洞中线的方向及里程。所有固定点应埋设在不易受施工影响的地方。在隧洞口劈坡完成后，就要在劈坡面上标定出隧洞中线，以指示掘进方向，如图 3-19 所示，将仪器安置在洞口点 A 上，分别用盘左和盘右瞄准掘进方向指示桩 3、4，在劈坡面上标定出隧洞开挖方向，用另一侧的 1、2 点进行检核。

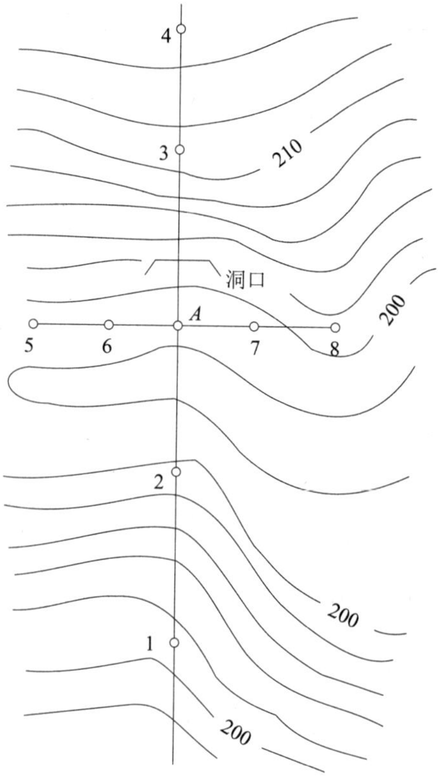

图 3-19 隧洞洞口及掘进方向的标定图

2. 隧洞洞内中线和腰线的测设

隧洞掘进中的主要测量工作是精确标定中线方向和腰线方向，中线控制隧洞的方向，而腰线控制其坡度。

1）隧洞中线测设

根据隧洞洞口中线控制桩和中线方向桩，在洞口开挖面上测设开挖中线，并逐步往洞内引测中线上的里程桩。

在隧洞掘进过程中需要将中心线逐渐向前延伸，每隔一定距离（如 20 m），在隧洞底部设置中线桩。施工中为了便于目测确定掘进方向，还需要在隧洞顶部设置 3 个吊桩（各自相距 1 ~ 2 m），分别悬挂垂球，如图 3-20 所示。中线桩通常用木桩或钢筋头制作，用混凝土浇筑于隧洞底部，桩顶应低于地面 10 cm，上加护盖，四周挖排水小沟，防止破坏。吊桩通常用钻头在洞顶打孔，再将木桩打入，挂上垂球。隧洞底部中线桩和顶部吊桩应在同一铅垂线上，如图 3-21 所示。

2）隧洞腰线测设

在隧洞施工过程中，为确保隧洞按设计要求的高程和坡度开挖，由洞口水准点向洞内

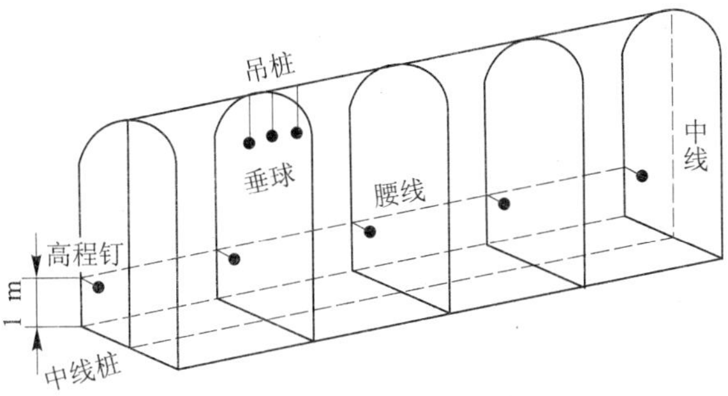

图 3-20　隧洞中线及腰线示意图

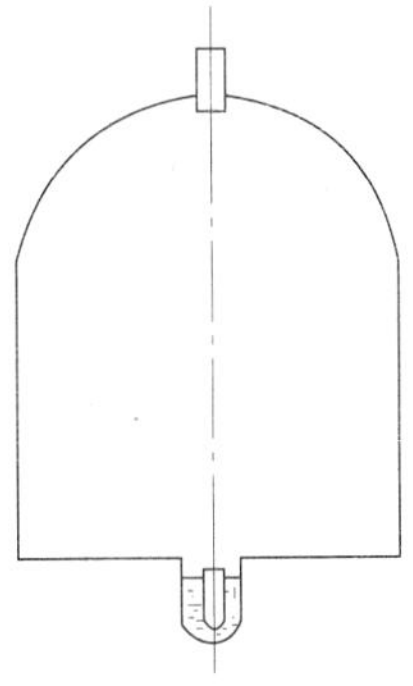

图 3-21　隧洞底部中线桩和顶部吊桩示意图

引测高程，在洞内每隔 20 ~ 30 m 设一个临时水准点，每隔 200 m 左右设一个固定水准点，可与中线桩同时埋设，用四等水准测量方法往返观测，求得各点高程。腰线的高程由引入洞内的施工水准点进行测设，为了控制开挖高程和坡度，先要根据洞口的设计高程、隧洞的设计坡度和洞内各点的掘进里程，求出各里程处隧洞底部的设计高程，然后依洞内水准点放样。放样时在隧洞岩壁上每隔一定距离（通常为 5 ~ 10 m）测设出比洞底设计地坪高出 1 m 的标高线，称为腰线，如图 3-20 所示。腰线的高程按设计坡度随中线的里程而变化，它与隧洞的设计地坪高程线是平行的。

3. 掘进方向指示方式

隧洞开挖掘进时洞内光线暗淡、工作空间相对狭小，传统的掘进方向指示方式难以满足现代大规模快速施工的需要，因此现代隧洞工程主要使用激光准直仪或激光指向仪，来指示隧洞的中线和腰线方向。激光指向仪能发出带色光束，具有直观、对其他工序影响小、便于实现自动控制等优点。例如，采用盾构机械化掘进设备，用固定在一定位置上的激光指向仪，配以装在掘进机上的光电接收靶，在掘进机向前推进中，方向如果偏离了指向仪发出的激光束，则光电接收靶会自动指出偏移方向及偏移值，为掘进机提供自动控制的信息。

3.3.1.3　洞内施工导线和水准测量

1. 洞内施工导线测量

对于较长的隧洞，为了减少洞内中线测设时的误差积累，应布设洞内导线来控制掘进方向的精度。隧洞洞内的平面控制网多采用导线形式，并以洞口点为起始点沿隧洞中线或两侧布设成逐步向前延伸的支导线，如图 3-22 所示。根据导线点的坐标来检查和调整中线桩位置。注意区分洞内导线点和中线点。隧洞每掘进至一定长度（直线隧洞约每隔 100 m，曲线隧洞导线边长将受限制，应尽可能增大边长）布设一个导线点，有时也可以利用埋设的中线桩作为导线点，布设洞内施工导线。为避免施工干扰，保证点位稳定，导线点常用混凝土包裹钢筋，埋设在隧洞底部并加护盖保存。

导线的转折角采用 DJ2 经纬仪至少观测两个测回，转折角应观测左角和右角。距离用经过检定的钢尺或光电测距仪测定，边长应往返测量。转折角圆周角闭合差和距离相对中误差应满足相应规范要求。随着隧洞的掘进，导线测量必须及时跟上，以确保贯通精度。洞内导线点是随隧洞掘进而逐步布设观测的，中间要隔一段时间，测定新点时，必须

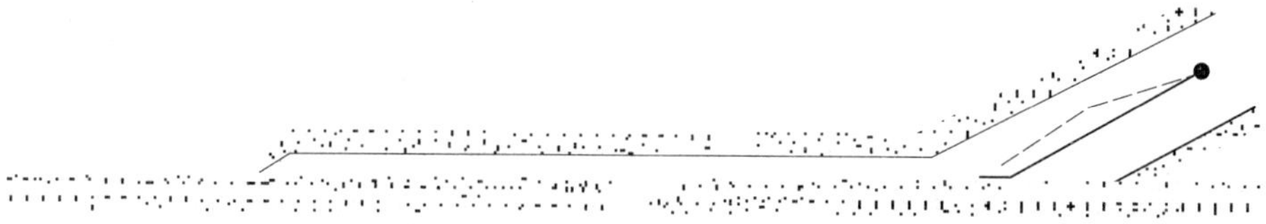

图 3-22　隧洞洞内导线示意图

对已经设置的导线点进行检测。

隧洞洞内平面控制测量的等级，应根据隧洞两开挖洞口间长度符合表 3-6 的规定，隧洞工程的相向施工中线在贯通面上的贯通误差，应符合表 3-7 的规定。

表 3-6　隧洞洞内平面控制测量的等级

洞内平面控制网类别	洞内平面控制网等级	导线测角中误差(″)	两开挖洞口间长度 L(km)
导线网	三等	1.8	$L \geqslant 5$
	四等	2.5	$2 \leqslant L < 5$
	一级	5	$L < 2$

表 3-7　隧洞工程的贯通误差限差

类别	两开挖洞口间长度(km)	贯通误差限差(km)
横向	$L < 4$	100
	$4 \leqslant L < 8$	150
	$8 \leqslant L < 10$	200
高程	不限	70

注：作业时依据隧洞用途和施工方法的不同，当贯通误差的调整不会显著影响隧洞中线几何形状和工程性能时，其横向贯通限差可适当放宽 1～1.5 倍。

2. 洞内水准测量

洞内水准路线的布设也是逐步向前的，所以随着隧洞向前掘进，每隔 200 m 应设置一个洞内水准点，并据此测设腰线。通常情况下可利用导线点作为水准点，也可将水准点埋设在洞顶或洞壁上，但都应力求稳固和便于观测。洞内水准路线也是支水准路线，除应往返观测外，还须经常进行复测。洞内水准测量采用全站仪三角高程测高差的办法传递高程较水准仪配水准尺方便，所以通常选择前者。采用全站仪三角高程测量时需要注意前后视的棱镜高要保证不变。由于测量中前后视的棱镜高保持不变，且不需要量仪器高，只要通过测量前后两个点的高差就可传递高程，所以往返观测取平均值精度可以满足施工的需要。

3. 盾构施工测量

盾构法是将隧洞的掘进、运输、衬砌、安装等各工作综合为一体的施工方法，具有自动化程度高、工作效率高、施工精度高、不受地面交通和建筑物影响等优点，目前在国内外的大中型隧洞施工测量中已经广泛应用，特别是在城市地铁隧洞和穿越水域的隧洞施工中应用广泛。

盾构设备的标准外形是圆筒形，也有半圆形、矩形等与隧洞断面相近的特殊形状。图 3-23所示为圆筒形盾构及隧洞衬砌管片的纵剖面示意图。切口环是盾构掘进的前沿部分，利用沿盾构圆环四周均匀布置的推进千斤顶，顶住已拼装完成的衬砌管片（钢筋混凝土预制），使盾构向前推进。

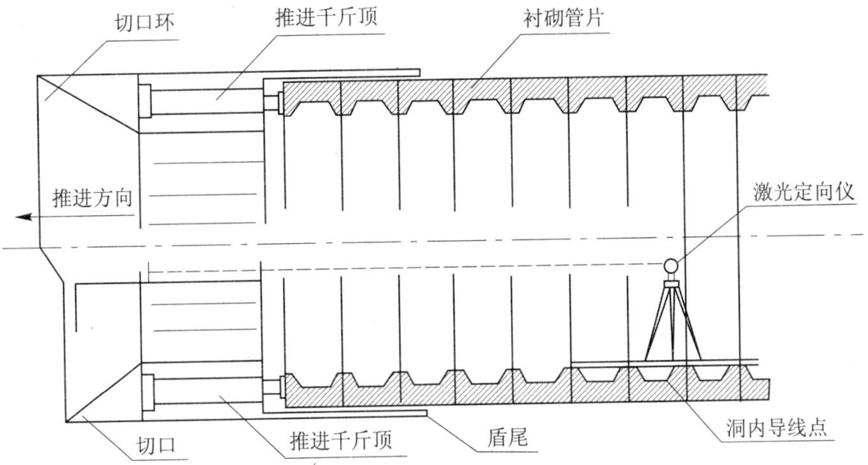

图 3-23　圆筒形盾构及隧洞衬砌管片的纵剖面示意图

盾构施工测量主要是控制盾构的位置和推进方向。利用洞内导线点测定盾构的位置（当前空间位置和轴线方向），用激光经纬仪或激光定向仪指示推进方向，用千斤顶编组施以不同的推力，进行纠偏，即调整盾构的位置和推进方向。

3.3.1.4　竖井和旁洞的测量

1. 竖井、平硐及斜井的定位与定线

如图 3-17 所示，隧洞施工中为了加快掘进速度并控制贯通方向，需要从地表向下掘进若干个洞口以增加开挖工作面，根据地质条件和施工工艺的不同，通常采用竖井、平硐和斜井三种方法（旁洞包括平硐和斜井）。本节主要讲述洞口位置确定和方向及高程的传递方法。

1）竖井定位

竖井是在隧洞地面中心线上某点竖直向下开挖至隧洞洞底以增加对向开挖工作面的方法。竖井施工中的测量工作包括确定竖井开挖位置、测定竖井开挖深度、将地面方向和高程导入洞内等。

竖井开挖位置的确定主要是依据设计的竖井位置，用全站仪或经纬仪依据洞外平面控制点放样出竖井的开挖位置，同时测出放样的竖井井口位置的高程，减去竖井对应位置的隧洞洞底设计高程，得出竖井开挖深度。

2）平硐的定位及定线

平硐是在隧洞某一侧掘进并与隧洞中心线相交后，沿隧洞中心线对向开挖以增加工作面。平硐洞底设计高程和隧洞洞底设计高程一致，所以平硐定位先用高程放样方法找到洞底设计高程位置，再用平面放样方法确定平硐开挖点。

3）斜井的定位及定线

斜井是指从地面某点倾斜向下掘进到达隧洞中线及高程位置，从而增加工作面。先依据设计放样斜井平面位置，再测定洞口高程。斜井开挖的是倾斜长度，所以根据设计的水平距离及洞口与隧洞设计高程求得高差，计算斜距及开挖坡度进行开挖。

2. 竖井联系测量

竖井联系测量是为了保证地下各方向的开挖面能准确贯通，将地面控制网中的点位坐标、方位和高程,通过竖井传递到地下的工作。

1)方位角的传递

传递方位角的方法较多,陀螺经纬仪法精度较高但难度较大。比较简单的方法是方向线法,如图3-24所示,在隧洞中线上设置两方向桩 A、B,在 B 点安置经纬仪,照准 A 点,用绞车仔细移动井筒内挂有重垂球的两根钢丝,使其严格位于经纬仪的视线上。将两条钢丝下端的垂球放置在装满稳定液(如废机油)的桶中,并使其自由摆动直至稳定。为使定向精度更高,尽量使两条钢丝远一些,但不得触及井壁,为此,在钢丝稳定之后从井口沿钢丝放信号圈(小铅丝圈),检验其是否能够顺利滑至钢丝底部。同时,用钢尺在井口和井底测量两条钢丝的距离,差值不大于2 mm,则满足要求。然后在井底某侧安置一台经纬仪,用逐渐趋近的方法,使仪器中心位于两悬垂线的方向上,此时根据视线方向即可在洞内标定出隧洞中线方向,如1、2、3的连线,以此控制开挖方向。

2)高程的传递

如图3-25所示,高程的传递是在竖井顶部用支架和绞车悬挂一根经过检验的钢尺,分划零点在下,钢尺的下端悬挂重锤,浸入稳定液。在井上 A 点和井下 B 点竖立水准标尺,观测时两台水准仪,同时读取标尺上的读数 a_1、b_1、a_2、b_2,再按式(3-8)求 B 点高程:

$$H_B = H_A + a_1 - (b_1 - a_2) - b_2 \tag{3-8}$$

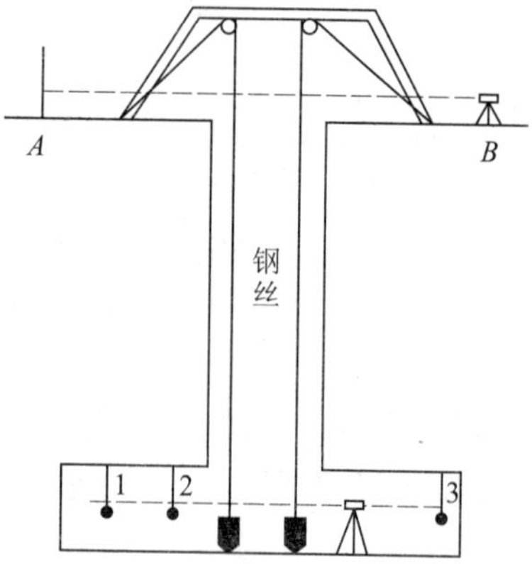

图3-24 竖井方位角传递示意图

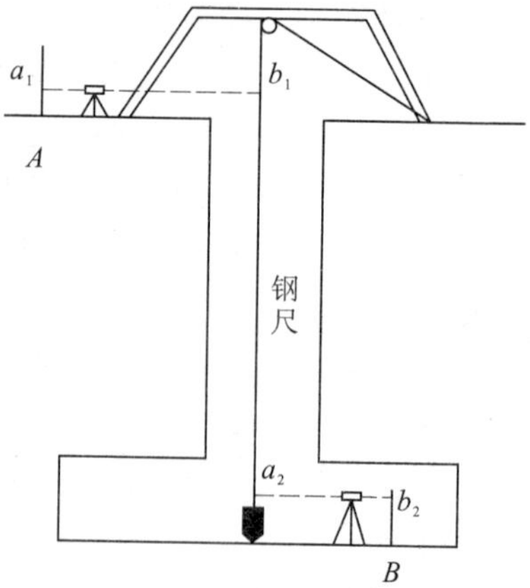

图3-25 竖井高程传递示意图

为了检核提高精度,应改变仪器高进行3次观测,各次所求高程的互差值若不超过5 mm,则取其均值作为 B 点高程。

3.3.2 经典案例

案例 隧洞坡度的标定

设隧洞口底板的设计标高 H_B 为150.25 m,隧洞底板的设计坡度 i 为+5‰,腰线距离底板的高度为1.0 m,要求每隔5 m在侧墙上标定一个腰线点。如图3-26所示,其具体工作步骤如下:

(1)放样洞底板起点:根据洞口水准点放样洞口底板的高程,得到 M 点。

(2)标定视线高程:在洞内适当位置安置水准仪,以 M 点为后视点,测量 M 点尺子的读数 a,设 $a=1.523$ m,若以 M 点桩顶为隧洞设计高程的起点,a 即为仪器高。从洞口点

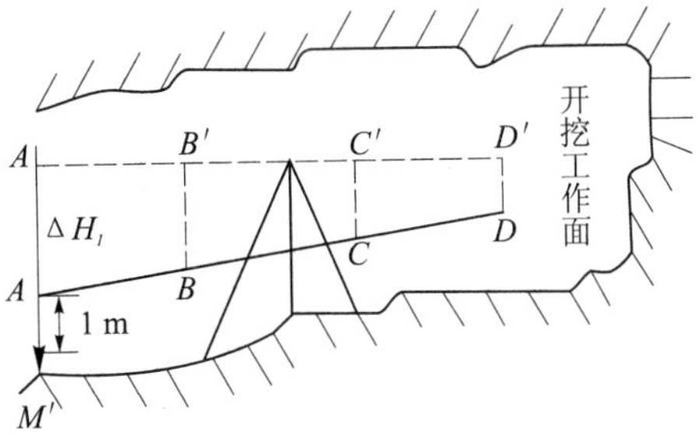

图 3-26　腰线点放样作业图

M 开始，在两边侧墙上每隔水平距离 5 m 用红色油漆标定视线高程点 B'、C'、D'。

(3) 计算垂距：腰线距底板的高度为 1.0 m，所以

$$\Delta H_1 = 1.523 - 1.0 = 0.523 (\text{m})$$

由于洞轴线设计坡度为 +5‰，腰线每隔 5 m 升高 $5 \times 5‰ = 0.025(\text{m})$，所以

$$\Delta H_2 = 1.523 - 1.0 - 5 \times 5‰ = 0.498(\text{m})$$

$$\Delta H_3 = 1.523 - 1.0 - 10 \times 5‰ = 0.473(\text{m})$$

$$\Delta H_4 = 1.523 - 1.0 - 15 \times 5‰ = 0.448(\text{m})$$

$$\cdots$$

如此依次递推。

(4) 标定腰线点：从洞口点的视线高处向下垂直量取 ΔH_1，得洞口处的腰线点 A，从 B'、C'、D' 点分别垂直向下量取 ΔH_2、ΔH_3、ΔH_4 得到 B、C、D 各腰线点。同样用红色油漆把 4 个腰线点 A、B、C、D 连接成直线，即得到洞口附近的一段腰线。同法可将此腰线延伸。

3.3.3　任务实施

任务　隧洞坡度的标定

(1) 训练目的：进一步掌握隧洞坡度的标定方法。

(2) 训练场地：实训场地或地下停车场。

(3) 操作时间：45 min。

(4) 使用仪器：水准仪（坡度较大可用经纬仪），红油漆（红色粉笔可替代）等。

(5) 已知数据：设隧洞口底板的设计标高 H_B 为 65.28 m，隧洞底板的设计坡度 i 为 +7‰，腰线距离底板的高度为 1.0 m，要求每隔 5 m 在侧墙上标定一个腰线点。需要计算测设数据并简述测设方法。

(6) 训练内容：

①水准测量。叙述弧形闸门施工步骤和表达能力。

②叙述隧洞坡度测设方法，并测设 3 到 4 个腰线点。

(7) 训练要求：

①熟练应用水准仪，完成记录。

②用红色粉笔替代红油漆标定腰线点。

③计算垂距，合理设定表格。

【训练实例】 训练时，合理选择实训场地，或附近地下停车场地，作为隧洞坡度标定试

验场地，外出要特别注意安全事项。

3.3.4 任务评价

项目部__________ **学号**__________ **学生**__________ **成绩**__________

<table>
<tr><td>工作项目</td><td></td><td colspan="2">实训日期</td><td colspan="2">计划学时</td></tr>
<tr><td>工作内容</td><td></td><td colspan="2"></td><td colspan="2"></td></tr>
<tr><td>教学方法</td><td colspan="5">演示法和实习作业法(理论+实践)</td></tr>
<tr><td rowspan="2">工作目标</td><td>知识</td><td colspan="2">能力</td><td colspan="2">素质</td></tr>
<tr><td>了解隧洞的分类；
掌握腰线法测设隧洞坡度</td><td colspan="2">掌握隧洞洞外、洞内控制测量；
能准确叙述隧洞中线的标定方法；
能准确叙述隧洞坡度标定方法和会标定</td><td colspan="2">通过参观隧洞或地铁工程，培养学生理论联系实际、分析问题和解决问题的能力以及正确的施工步骤，吃苦耐劳的工作精神</td></tr>
<tr><td>工作重点及难点</td><td colspan="5">重点是隧洞坡度的标定；难点是隧洞中线的标定</td></tr>
<tr><td>工作任务及能力训练任务</td><td colspan="5"></td></tr>
<tr><td>工作成果</td><td colspan="2"></td><td colspan="3">绘制草图</td></tr>
<tr><td>评价标准</td><td>A. 很积极主动，个人表述准确；
B. 积极主动，表述好；
C. 较积极主动，表述较好；
D. 不主动，基本表述准确；
E. 不主动，表述能力差</td><td>A. 内容全面，目标合理；
B. 内容全面，目标较合理；
C. 内容基本正确；
D. 内容不正确；
E. 无内容</td><td>A. 方法应用很正确；
B. 方法正确；
C. 方法基本正确；
D. 方法不正确；
E. 无方法</td><td>A. 形式美观，有特色；
B. 形式美观；
C. 形式合理；
D. 形式尚合理；
E. 形式不合理</td><td>综合</td></tr>
<tr><td>学生自评</td><td></td><td></td><td></td><td></td><td></td></tr>
<tr><td>学生互评</td><td></td><td></td><td></td><td></td><td></td></tr>
<tr><td>教师评价</td><td></td><td></td><td></td><td></td><td></td></tr>
<tr><td>任务评价</td><td colspan="5">学生自评(0.2)+学生互评(0.3)+教师评价(0.5)</td></tr>
<tr><td colspan="6">A. 90～100 分　B. 80～89 分　C. 70～79 分　D. 60～69 分　E. 60 分以下</td></tr>
</table>

3.3.5 查找资料(上网或图书馆)

[1]水工隧洞的种类有哪些?

[2]隧道分类标准。

任务3.4 渠道施工测量实训指导

学习任务

(1)理解渠道测量选线工作内容、外业方法;

(2)掌握渠道中线测量的具体方法。

学习目标

(1)具有独立进行选线的能力;

(2)具有熟练操作常用仪器的能力,完成中线测量。

3.4.1 相关知识

渠道测量在勘察设计阶段的主要测量内容有踏勘、选线、中线测量、纵横断面测量以及相关的工程调查工作等。施工阶段,测量师按照设计图纸和施工要求,测设中线和高程,作为细部放样的依据。渠道测量的基本过程包括规划选线、勘测设计和施工放样三个阶段。

3.4.1.1 踏勘选线

踏勘选线的任务是在地面上选定渠道的合理路线,标定渠道中心线的位置。渠线选择合适与否关系到工程效益和修建费用,因此选线时应考虑下列要求:

(1)渠道线路尽量短且直,转折角应尽量小。

(2)要尽量避免修建过多的渠系过水建筑物(如渡槽、倒虹吸管等)。

(3)应尽量少占用耕地,为先进农业技术和农田园田化创造条件。

(4)渠道沿线要有较好的地质条件,无渗漏和塌方现象,以减少修建费用。

(5)尽可能多的土地实现自流灌、排,而开挖和填筑的土石方量和所修建的附属建筑物要少,对于中小型渠道的布置与土地规划相结合,做到田、林、路、渠协调布置。

具体选线时,应依照渠道大小的不同采用不同的方法步骤:如灌区面积大,渠道较长,或规模较大,应经过实地踏勘、室内选线、外业选线等步骤;如灌区面积较小、线路不长的渠道,可以根据已有资料和选线要求直接在实地查勘选线。

1. 实地查勘

查勘前先在地形图(1:10 000 ~ 1:100 000)上初选几条比较渠线,依次对所经过地带进行实地查勘,了解和收集有关资料(土壤、地质、水文、施工条件等),对某些控制点进行简单测量,了解其相对位置、高程,以便分析比较,选取渠线。

2. 室内选线

室内进行图上选线,在合适的地形图上选定渠道中心线的平面位置,在图上标出渠道转折点到附近明显地物点的距离和方向(由图上量得)。

在山区、丘陵地区选线时,为了确保渠道的安全稳定,应力求挖方。

3. 外业选线

外业选线是将室内选线结果转移的实地上,标出渠道的起点、转折点和终点。要根据现场实际情况,进行研究和补充修改,使之完善。对平原地区,渠道中心线应尽可能选成直线,遇转弯时,在转折处打下木桩。在丘陵山区选线时,为了较快进行选线,可用经纬仪按视距法测出有关渠段或转折点间的距离和高程。

渠道中线选定后,应在渠道的起点、各转折点和终点用大木桩或水泥桩在地面上标定其位置,并绘略图注明桩点与附近固定地物的相互位置和距离,便于寻找。

4. 水准点的布设与施测

为了满足渠线的探高和纵断面测量的需要,在选线的同时,应沿渠线附近每隔 1 ~ 3 km 在施工范围以外布设一些水准点,组成附合或闭合水准路线,如路线不超过 15 km 时,可布成支水准路线。水准点的高程一般用四等水准测量(大型渠道采用三等水准测量)。

3.4.1.2　**中线测量**

中线测量的任务是:根据选线所定的起点、转折点和终点,通过量距、测角把渠道中心线的平面位置在地面上用一系列木桩标定出来。中线测量的目的是确定路线的线形。

1. 测设中线交点桩

交点桩的确定有实地埋点和图上定点两种方法。前者要求必须测定交点的坐标,为以后的路线恢复以及绘制路线平面图使用。后者是根据地形图,在图纸上确定交点桩的位置,而且要测定其坐标。测定交点桩的位置及其坐标的方法可采用极坐标法、直角坐标法、方向交会法或距离交会法等,并做好标记。

2. 测定转折角

当渠道的转折角大于6°时,应在交会处架设仪器,测定转折角。

3. 测设里程桩和加桩

当渠道路线选定后,首先在实地标定其中心线的位置,并实地现场钉桩标定,定线的工具是利用花杆或经纬仪。在进行定线时,一边定线,一边沿线埋设里程桩,桩间距为 50 m 或 100 m。起点桩号为 0 + 000;其余桩号分别为 0 + 050,0 + 100,…,1 + 000,1 + 050,…"+"号前面的数字为千米数,"+"号前面的数字为米数,可以带小数点。该数字表示该点到起点的里程,如果在相邻两里程桩之间的重要地物(如道路)和坡度突变的位置上,应增钉木桩,称为加桩,里程桩一般均由 50 mm ×50 mm,长 30 ~40 cm 的木桩打入地下,桩头露出地面 5 ~10 cm。标注表示里程的数字应朝向起点,用红油漆注记。里程桩布设在渠道中心线上,故又称中心线桩,简称中心桩。

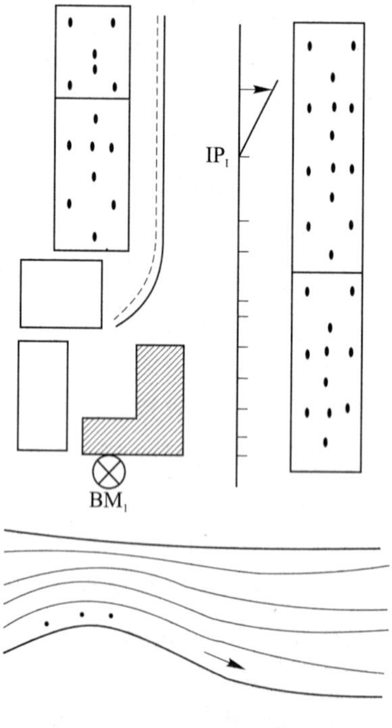

图 3-27　渠道测量草图示例

4. 确定起点里程

起点里程记为0+000,其确定方法是将水准尺在设计的起点高程的概略位置沿着山坡上下移动,直到仪器中丝对准所要的尺读数为止,此点即为渠道的起点桩位。采用同样的方法测设其他各里程桩的位置。

5. 绘制中线桩草图

在测设中心桩的同时,还要在现场绘制草图,如图3-27所示。中线测量完成后,对于大型渠道一般应绘出渠道路线平面图,在图上绘出渠道走向以及里程桩、加桩、曲线桩桩位,并将桩号和渠线元素数值(转折角 α、曲线长 L、曲线半径 R 和切线长 T)注在图中的相应位置。

3.4.2 经典图例

如图3-28所示为中线桩草图实例。

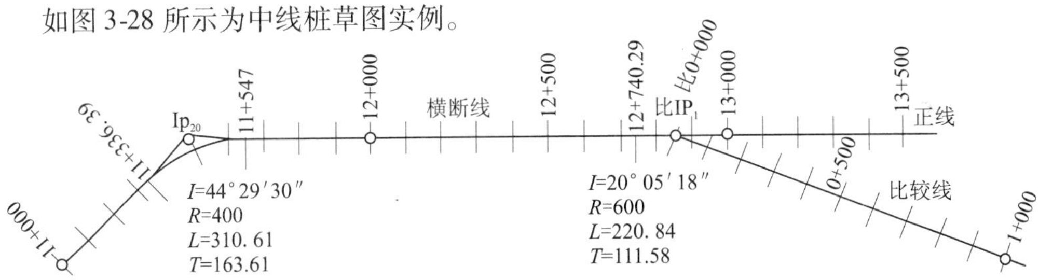

图3-28 渠道测量路线平面图

3.4.3 任务实施

任务 渠道中线测量

(1)训练目的:进一步掌握熟悉仪器的使用,根据选线所定的起点、转折点和终点,通过量距、测角把渠道中心线的平面位置在地面上用一系列木桩标定出来,并绘制草图。

(2)训练场地:学校实训中心或学校外围的道路。

(3)操作时间:45 min。

(4)使用仪器:经纬仪或花杆、皮尺、测绳等。

(5)已知数据:桩距20 m、50 m、100 m等,视选定地形而定。

(6)训练内容:

①渠道中线桩的测设。

②绘制渠道中线桩草图。

(7)训练要求:

①外出测量组长重申“注意安全事项”。

②DJ6观测两测绘,半测回差≤±36″,测回差≤±24″。

③里程桩采用5 cm直径或方形,长30 cm左右,桩侧面削平,桩号用红油漆书写,面朝起点,打入地面,露出5~10 cm。

【训练实例】训练时,部分小组初选学校操场及教学楼周围,择优小组在学校外围的道路上训练。

3.4.4 任务评价

项目部____________ **学号**____________ **学生**____________ **成绩**____________

<table>
<tr><td>工作项目</td><td colspan="2"></td><td colspan="2">实训日期</td><td>计划学时</td></tr>
<tr><td>工作内容</td><td colspan="2"></td><td colspan="2"></td><td></td></tr>
<tr><td>教学方法</td><td colspan="5">任务驱动(理论+实践)</td></tr>
<tr><td rowspan="2">工作目标</td><td colspan="2">知识</td><td colspan="2">能力</td><td>素质</td></tr>
<tr><td colspan="2">理解渠道测量选线工作的内、外作业方法;
掌握渠道中线测量的具体方法</td><td colspan="2">具有独立选线的能力;
具有熟练操作常用仪器的能力;
具有正确绘制中线桩草图的能力</td><td>培养学生沟通能力,使学生能够养成大方、得体、细致、耐心的工作作风以及展现学生绘图能力</td></tr>
<tr><td>工作重点及难点</td><td colspan="5">重点:渠道横断测量方法对比,渠道横断面图绘制及土石方量计算;
难点:实训场地渠道横断测量方法对比</td></tr>
<tr><td>工作任务及能力训练任务</td><td colspan="3">根据选线所定的起点、转折点和终点,通过量距、测角把渠道中心线的平面位置在地面上用一系列木桩标定出来</td><td colspan="2">绘制渠道中线桩草图</td></tr>
<tr><td>工作成果</td><td colspan="3"></td><td colspan="2">渠道中线桩草图</td></tr>
<tr><td>评价标准</td><td>A.很积极主动,团队合作很好;
B.积极主动,团队合作好;
C.较积极主动,团队合作尚好;
D.不主动,合作尚好;
E.不主动,合作差</td><td>A.内容全面,目标合理;
B.内容全面,目标较合理;
C.内容基本正确;
D.内容不正确;
E.无内容</td><td>A.方法应用很正确;
B.方法正确;
C.方法基本正确;
D.方法不正确;
E.无方法</td><td>A.形式美观,有特色;
B.形式美观;
C.形式合理;
D.形式尚合理;
E.形式不合理</td><td>综合</td></tr>
<tr><td>学生自评</td><td></td><td></td><td></td><td></td><td></td></tr>
<tr><td>学生互评</td><td></td><td></td><td></td><td></td><td></td></tr>
<tr><td>教师评价</td><td></td><td></td><td></td><td></td><td></td></tr>
<tr><td>任务评价</td><td colspan="5">学生自评(0.2)+学生互评(0.3)+教师评价(0.5)</td></tr>
<tr><td colspan="6">A.90~100分 B.80~89分 C.70~79分 D.60~69分 E.60分以下</td></tr>
</table>

3.4.5　推荐阅读书目

《现代测量学》,董斌主编,中国林业出版社,2012。

任务 3.5　渠道纵横断面测量实训指导

【学习任务】

(1)掌握绘制渠道的纵横断面;

(2)理解填挖方计算的原理和基本方法;

(3)掌握施工放样的方法。

【学习目标】

(1)具有熟练操作常用仪器的能力;

(2)会进行渠道纵横断面的测量及绘制。

3.5.1　相关知识

渠道纵横断面的测量也称路线水准测量,在渠道、公路中经常会用到。渠道纵横断面测量的目的是了解渠道沿线的地形起伏情况,为渠道设计、施工和工程量计算提供依据。

3.5.1.1　纵断面测绘

渠道纵横断面测量的任务是测出各中心桩的高程,并绘制纵断面图。

1. 中心桩的高程测量

纵断面测量的任务就是用水准测量的方法测定渠道中线各里程桩和加桩的地面高程。进行纵断面水准测量时,应利用渠道沿线布设的水准点,将渠线分成若干段,每段分别与邻近两端的水准点组成附合水准路线,然后从首段开始,逐段进行施测。附合线路的施测应按普通水准测量的要求:水准路线长度应不超过 2 km,其闭合差应不大于 ±40 mm (L 为路线长,以 km 计),闭合差不用调整,但超限必须返工。其具体观测、记录及计算步骤如下:

(1)读取后视尺读数,并算出视线高程。

$$视线高程 = 后视点高程 + 后视读数$$

(2)观测前视点并分别记录前视读数。

由于在一个测点上前视要观测好几个桩点,且其中仅有一个点是起着传递高程作用的转点,而其余点只需读取前视读数就能得出高程,为了区别于转点,称为中间点。如图 3-29所示,在Ⅲ站中,0 +000 桩为后视转点,0 + 250 桩为前视转点,其他各桩点位为中间点。中间点上的读数精确到厘米,而转点上的观测精度将影响到以后各点,要求读至毫米,同时还应注意仪器到两转点的前后视距离应大致相等(差值不大于 20 m)。用中心桩作为转点,在桩的一侧放置尺垫,水准尺立于尺垫上,若尺垫与地面的高差小于 2 cm,可代替地面高程。观测中间点时,可将水准尺立于紧靠中心桩旁的地面上,直接测量地面高程。

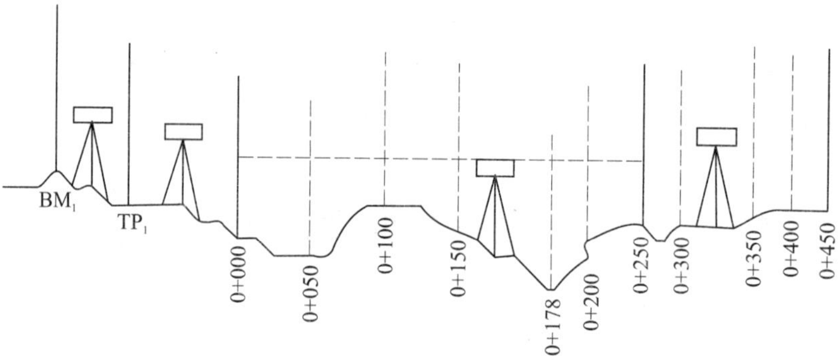

图 3-29　渠道纵横断面水准测量示意图

（3）计算测点高程。

测点高程 = 视线高程 − 前视高程

例如，表 3-8 中，0 +250 作为转点，它的高程 =92. 648 −1. 365（第Ⅲ站的视线高程 − 前视读数）=91. 536（m），即为该桩的地面高程。0 +100 为中间点，其地面高程 =92. 927 −1. 23 =91. 697（m），凑整为 91. 70m，即为该桩的地面高程。

（4）计算与观测检核。

当经过数站观测后，附和到另一水准点 BM$_2$（高程为 92. 278 m），以检核这段渠线纵横断面测量结果是否符合要求。为此，先要按下式检查各点的高程计算是否有误，即

$$\Sigma_{后}(8.201) - \Sigma_{转}(7.644) = H'$$

$$H_{BM_2}(92.278) - H_{BM_1}(91.715) = +0.563\ \mathrm{m}$$

以上检核应填入表 3-8，证明计算正确。

表 3-8　纵断面水准测量记录手册

线路名称：东干渠　　　　仪器号码：DS3　　　　观测者：赵天毅

观测日期：2014 年 6 月 10 日　　　　天气：晴　　　　记录者：刘　蓉

桩号	后视（m）	视线高程（m）	前视读数（m）		高程（m）	备注
			间视点	转点		
BM$_1$	1.234	92.949			91.715	已知
TP$_1$	1.389	92.932		1.406	91.543	
0 +000	1.347	92.927		1.352	91.580	
0 +050			1.53		91.40	
0 +100			1.23		91.70	
0 +150			1.53		91.40	
0 +178			1.07		91.86	

续表 3-8

线路名称:东干渠 观测日期:2014 年 6 月 10 日			仪器号码:DS3 天气:晴		观测者:赵天毅 记录者:刘　蓉	
桩号	后视（m）	视线高程（m）	前视读数(m)		高程（m）	备注
			间视点	转点		
0 +200			1.37		91.56	
0 +250	1.085	92.648		1.365	91.563	
0 +300			1.42		91.23	
0 +350			1.29		91.36	
0 +400			1.38		91.27	
0 +450			1.54		91.11	
0 +500	1.423	92.574		1.497	91.151	
0 +550			1.40		91.17	
0 +600			1.38		91.19	
0 +650			1.39		91.18	
0 +698	1.723	93.143		1.154	91.420	已知
BM_2				0.871	92.272	92.278
检核	$\sum_{后}(8.201)-\sum_{转}(7.644)=h_{测}(+0.557)$ $H_{BM_2测}(92.272)-H_{BM_1}(91.715)=+0.557\ m$ $H_{终}(92.278)-H_{始}(91.715)=h_{知}(0.563\ m)$ $F=h_{测}-h_{知}=-0.006 fh_{允}=\pm10\sqrt{6}\approx\pm24(mm)$					

2. 纵断面图的绘制

纵断面图(见图 3-30)是反映渠线所经地面起伏情况的图,可以用 CAD 的软件绘制,也可以依据里程桩和加桩的高程绘制在印有毫米方格的坐标纸上。以水平距离即里程为横坐标,以高程为纵坐标。横轴比例尺为 1∶1 000 ~ 1∶10 000,纵轴比例尺为 1∶50 ~ 1∶500,纵横比例尺差 10 ~50 倍。为节省图纸和便于阅读,图上的高程可以不从零开始,而从某一适当的数值起绘。根据各桩点的里程和高程在图上标出相应地面点的位置,依次连接各点绘出地面线,再根据设计的渠首高程和渠道比降绘出渠底设计线。至于各桩点的渠底设计过程,则依据起点(0 +000)的渠底设计高程、渠道比降和离起点的距离计算求得,注在“渠底高程”一栏。然后根据各桩点地面高程和渠底高程计算出各桩点的挖深或填高量。

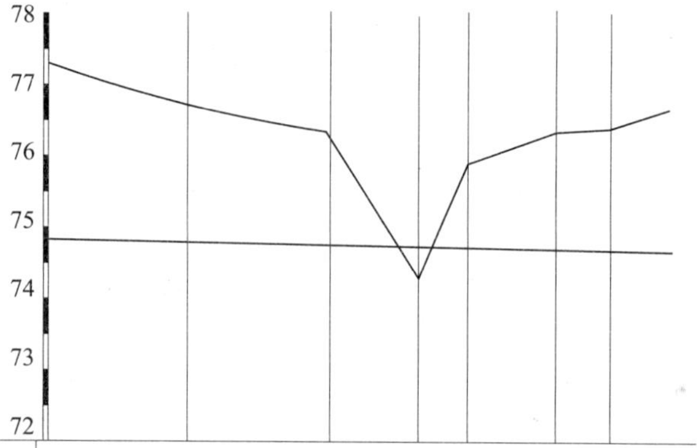

桩号	0+000	0+100	0+200	0+265.5	0+300	0+361	0+400
渠底比降	1:2 000						
地面高程	77.31	76.68	76.28	74.19	75.80	76.72	76.34
渠底高程	74.81	74.76	74.71	74.68	74.66	74.63	74.61
挖深	2.50	1.92	1.57		1.14	1.64	1.73
填高				0.49			

图 3-30　渠道纵断面示意图

3.5.1.2　横断面测量

渠道横断面测量是指在高程建设实地现场利用测量仪器和工具，采用渠道各中桩处垂直于渠道中线方向上的变坡点高程和中距数据，依此绘制横断面图，为线路设计提供基础资料。

横断面测量的方法有花杆法、水准皮尺法、视距法、全站仪法等。其施测的方法和步骤是：先标定横断面方向，再测出坡度变化点间的距离和高差，将数据记录到相应的表格之中，在表格中计算出所有数据。其工作分为外业和内业。

1. 外业标定横断面的方向

在直线处，采用目估法或自由中心桩上用普通方向架测定；在圆曲线断处，采用求心方向架，如图 3-31 所示。

2. 外业测出坡度变化点间的距离和高差

测量时以中心桩为零起算，面向渠道的下游分左右侧。对于较大的渠道可采用全站仪视距法、经纬仪视距法、水准仪测高配合量距法进行测量，如表 3-9 所示。较小的渠道可用皮尺拉平配合测杆读取两点间的距离。读数时一般取位至 0.1 m，按表 3-10 记录，以分子表示高差，分母表示平距，高差前加的“＋”号表示升高，“－”号表示降低。

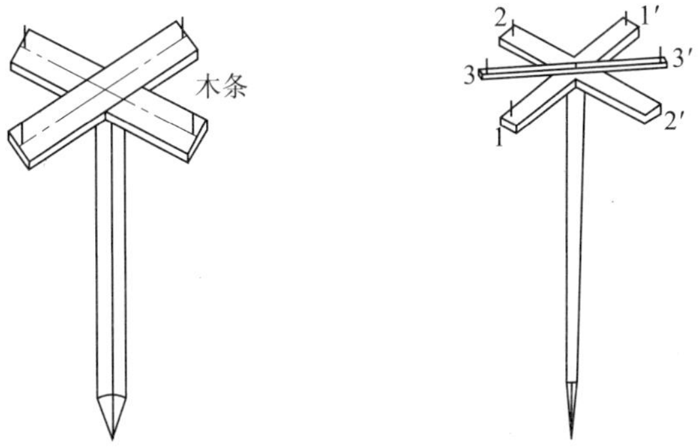

(a)普通方向架　　　　(b)求心方向架

图 3-31　外业标定横断面的方法

表 3-9　几种测量方法比较表

仪器	使用场合	工作程序	精度	效率	备注
全站仪法	地形复杂	测量、记录	高	高	
经纬仪法	地形复杂	测量、填表、计算	高	中	
水准仪法	地形复杂	测量、填表、计算	高	低	钢尺配合
花杆法	地形复杂	测量、填表、计算	低	较低	

表 3-10　横断面测量记录

左侧横断面			里程桩桩号	右侧横断面		
			K5 +180			

3. 内业绘制横断面图

根据采集的数据绘制横断面图,绘图时一般先将中心桩标在图中央。再分左、右侧,按平距为横轴,高差为纵轴,展出各个变坡点,绘出横断面图,如图 3-32 所示。

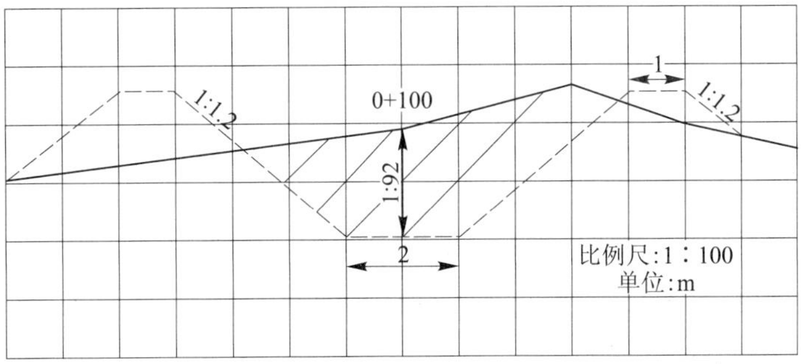

图 3-32　渠道横断面图

4. 内业进行工程量计算

为了编制渠道工程的经费预算，以及安排劳动力，均需技术渠道开挖和填筑的土石方量，计算方法采用“平均断面法”，先计算出每个中心桩应挖（或填）的横断面面积，取其平均值，再乘以两断面间距离，即得该土石方量，以 m^3 计。

3.5.2 经典案例

案例 土石方量计算

根据已知数据计算土石方量，如表 3-11 所示。

表 3-11 某渠道土石方量计算表

制表：赵天毅			检核：刘 蓉					2014 年 6 月 1 日
桩号	中心桩填挖(m)		填挖面积(m^2)		平均面积(m^2)		两桩间距(m)	土方量(m^3)	
	挖深	填高						挖	填
0+000	1.69		8.39	12.30	9.35	11.76			
0+062	2.31		10.31	11.22	9.12	10.62	62	579.7	729.12
0+100	2.10		7.93	10.01	8.17	8.49	38	346.56	403.56
0+200	1.95		8.41	6.97	9.32	9.64	100	817.0	849.0
0+300	2.46		10.22	12.30	9.48	11.92	100	932.0	964.0
0+400	2.32		8.73	11.55			100	948.0	1 192.0
合计								3 623.26	4 137.68
桩号自 0+000~0+400				共______页				第一页	

3.5.3 任务实施

任务 绘制渠道断面图

(1)训练目的：掌握绘制渠道的纵横断面图。

(2)训练场地：计算机室（或教室、实训室）。

(3)操作时间：45 min。

(4)使用仪器：CAD 软件（或毫米方格纸）。

(5)已知数据：见表 3-12。

表 3-12　渠道断面放样数据表

计算者__________　（单位:m）

桩号	地面高程	设计高程		中心桩		中心桩置边坡桩的距离			
		渠底	渠堤	填高	挖深	左外坡角	左内坡角	右内坡角	右外坡角
0+000	77.31	74.81	77.31		2.50	7.38	2.78	4.40	
0+100	76.68	74.76	77.26		1.92	6.84	2.80	3.65	6.00
0+200	76.28	74.71	77.21		1.57	5.62	1.80	2.36	4.15
⋮	⋮	⋮	⋮	⋮	⋮	⋮	⋮	⋮	⋮

(6)训练内容:

①绘制渠道横断面图;

②计算土石方量。

(7)训练要求:

①绘图美观,符合制图标准;

②测量数据填入表中,记录完整、清洁,无错误。

【训练实例】训练时,在计算机室(或实训室),在表 3-13 中绘制渠道横断面,然后根据表 3-13 中的已知数据完成表 3-14,根据实际测量数据完成表 3-15 中的内容。

表 3-13　绘制渠道横断面

表 3-14　某渠道土石方量计算表

制表:________　　检核:________　　____年__月__日

桩号	中心桩填挖(m)		填挖面积(m^2)		平均面积(m^2)		两桩间距(m)	土方量(m^3)	
	挖深	填高						挖	填
0+000									
0+100									
0+200									
合计									

桩号自 0+000~0+200　共_______页　第一页

表3-15　中平测量记录计算表

立尺点	水准尺读数			视线高（m）	高程（m）	备注
	后视	中视	前视			

3.5.4 任务评价

项目部____________ 学号____________ 学生____________ 成绩____________

<table>
<tr><td>工作项目</td><td></td><td colspan="2">实训日期</td><td colspan="2">计划学时</td></tr>
<tr><td>工作内容</td><td></td><td colspan="2"></td><td colspan="2"></td></tr>
<tr><td>教学方法</td><td colspan="5">任务驱动(理论+实践)</td></tr>
<tr><td rowspan="2">工作目标</td><td>知识</td><td colspan="2">能力</td><td colspan="2">素质</td></tr>
<tr><td>理解填挖方量计算原理和基本方法</td><td colspan="2">具有初步计算和绘图能力(CAD 绘图能力及手工绘图)</td><td colspan="2">培养学生与工作区老百姓沟通的能力,使学生团队协作,养成交流、得体的工作作风</td></tr>
<tr><td>工作重点及难点</td><td colspan="5">重点:渠道横断测量方法对比,渠道横断面图绘制及土石方量计算;
难点:实训场地渠道横断测量方法对比</td></tr>
<tr><td>工作任务及能力训练任务</td><td colspan="2">渠道纵横断面测量及横断测量方法对比,测量过程与测区老百姓沟通,为后期《地籍调查》做准备</td><td colspan="3">绘制渠道横断面图及计算土石方量</td></tr>
<tr><td>工作成果</td><td colspan="2"></td><td colspan="3"></td></tr>
<tr><td>评价标准</td><td>A.很积极主动,团队合作很好;
B.积极主动,团队合作好;
C.较积极主动,团队合作尚好;
D.不主动,合作尚好;
E.不主动,合作差</td><td>A.内容全面,目标合理;
B.内容全面,目标较合理;
C.内容基本正确;
D.内容不正确;
E.无内容</td><td>A.方法应用很正确;
B.方法正确;
C.方法基本正确;
D.方法不正确;
E.无方法</td><td>A.形式美观,有特色;
B.形式美观;
C.形式合理;
D.形式尚合理;
E.形式不合理</td><td>综合</td></tr>
<tr><td>学生自评</td><td></td><td></td><td></td><td></td><td></td></tr>
<tr><td>学生互评</td><td></td><td></td><td></td><td></td><td></td></tr>
<tr><td>教师评价</td><td></td><td></td><td></td><td></td><td></td></tr>
<tr><td>任务评价</td><td colspan="5">学生自评(0.2)+学生互评(0.3)+教师评价(0.5)</td></tr>
<tr><td colspan="6">A.90~100分　B.80~89分　C.70~79分　D.60~69分　E.60分以下</td></tr>
</table>

3.5.5 推荐阅读书目

《现代公路测量技术》,付开隆主编,科学出版社,2005。

第 4 单元　公路、桥梁施工测量

任务 4.1　单圆曲线的测设方法

【学习任务】

(1)单圆曲线测设元素的计算;

(2)单圆曲线测设元素的主点测设;

(3)单圆曲线的测设方法。

【学习目标】

(1)掌握单圆曲线测设元素的主点测设;

(2)掌握偏角法的测设步骤。

4.1.1　相关知识

当公路的路线从原来的一个方向偏转到另外一个方向时,为了保证行车的安全以及乘车的舒适,必须在两个不同方向的直线间插入一条曲线。曲线的形式比较多,圆曲线是比较常见的一种。圆曲线是根据《公路工程技术标准》和地形条件所选定的一定半径的圆弧,所以圆曲线又称单曲线。

测设圆曲线的步骤:

(1)主点的测设。圆曲线的主点包括曲线的起点(ZY 点)、曲线的中点(QZ)、曲线的终点(YZ)。

(2)在曲线的主点间进行曲线加密,称为曲线的详细测设。

4.1.1.1　单圆曲线测设元素的计算和主点测设

1. 单圆曲线的测设元素的计算

如图 4-1 所示,当曲线的半径和转角已知时,则:

切线长　$$T = R \times \tan\frac{\alpha}{2} \tag{4-1}$$

曲线长　$$L = R \times \alpha \frac{\pi}{180^\circ} \tag{4-2}$$

外距　$$E = R \times \left(\sec\frac{\alpha}{2} - 1\right) \tag{4-3}$$

切曲差　$$D = 2T - L \tag{4-4}$$

式中:T、L、E、D 称为单圆曲线的曲线测设元素。

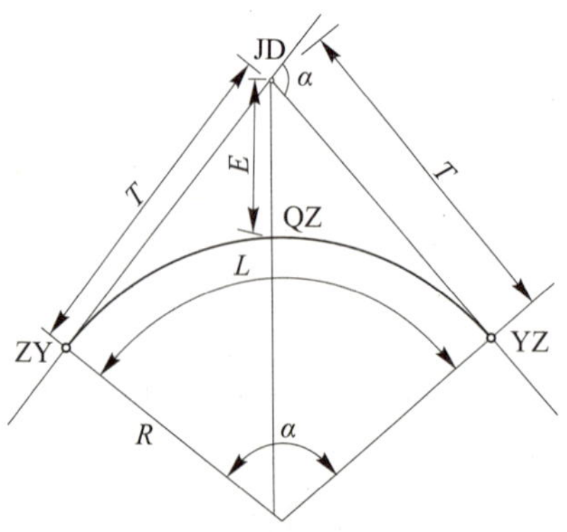

图 4-1　单圆曲线的测设元素

2. 圆曲线主点里程的计算

从线路起点沿线路经过的长度，称为里程；把里程表示为“整公里数 + 不足整公里米数”的形式以区别线路上不同的点，称为里程桩号，如 K4 + 100。里程桩分整桩和加桩。整桩是由线路起点开始，每隔 20 m 或 50 m 设置一桩，加桩分为地形加桩、地物加桩，其中关系加桩是指线路上的转点(ZD)和交点(JD)桩。

公路桩位汉语拼单的缩写形式见表 4-1。

表 4-1　公路桩位汉语拼音缩写

标志名称	简称	汉语拼音缩写	英语缩写
交点		JD	IP
转点		ZD	TP
圆曲线起点	直圆点	ZY	BC
圆曲线中点	曲中点	QZ	MC
圆曲线终点	圆直点	YZ	EC
公切点		GQ	CP
第一缓和曲线起点	直缓点	ZH	TS
第一缓和曲线终点	缓圆点	HY	SC
第二缓和曲线起点	圆缓点	YH	CS
第二缓和曲线终点	缓直点	HZ	ST

(2)当曲线的交点里程测出以后，便可以计算曲线各主点的里程。由图 4-1 可知：

$$\text{ZY 里程} = \text{JD 里程} - T \tag{4-5}$$

$$\text{YZ 里程} = \text{ZY 里程} + L \tag{4-6}$$

$$\text{QZ 里程} = \text{YZ 里程} - \frac{L}{2} = \text{ZY 里程} + \frac{L}{2} \tag{4-7}$$

$$\text{JD 里程} = \text{QZ 里程} + \frac{D}{2}\quad(\text{校核}) \tag{4-8}$$

【例 4-1】 已知某交点的里程为 K9 + 544.48，曲线的转角为 $\alpha_{右} = 34°46'44''$，曲线半径 $R = 300$ m，求曲线测设元素及主点里程。

(1)曲线测设元素计算

由式(4-5)可知：$T = 93.94$，$L = 184.08$，$E = 14.36$，$D = 5.80$。

(2)里程的计算。

JD		K9 + 544.48
−)T	93.94	
ZY	K9 + 453.84	

+)L	184.08
YZ	K9 +635.94
-)L/4	91.04
QZ	K9 +544.88
+)D/4	4.90
JD	K9 +544.48　（计算无误）

3. 主点的测设

在进行曲线主点的测设时，应先将经纬仪安置在 JD_i 上，照准后一个交点 JD_{i-1} 或此方向上的转点，然后在此方向量取切线长 T 便得曲线的起点 ZY，量取该点至最近一个直线桩的距离，若该距离与两个桩号之差的差值在允许范围内则可在 ZY 处打下一个桩。若距离之差超限，应当查明原因，确保桩位的准确性。同样方法，在交点 JD_i 上照准前一个交点 JD_{i+1} 或此方向上的转点，量取切线长 T，便得 YZ 点。ZY、YZ 点设置结束后，便可测曲中点 QZ，QZ 点的设置可在 JD_i 处照准前一个交点，置度盘于零度后倒转望远镜顺时针拨 $90 + \alpha/4$ 即得角分线方向，在此方向上量取外距 E，打下一木桩即可得到 QZ 点。

4.1.1.2 单圆曲线的测设方法

单圆曲线的测设方法较多，但常用的方法有切线支距法、偏角法、弦线支距法、弦线偏距法和极坐标法等。但最常用的是偏角法和切线支距法。目前，由于测距仪和全站仪的广泛普及，极坐标法在工程中也得到广泛的应用。

1. 切线支距法

如果曲线是在比较开阔的地区，且曲线的偏角不大、曲率较小时，最宜采用切线支距法。

切线支距法是以曲线的起点 ZY 点或终点 YZ 点为原点，以切线为 x 轴，以过原点的半径为 y 轴，以曲线上各点的坐标 x、y 来测设曲线的，如图 4-2 所示。

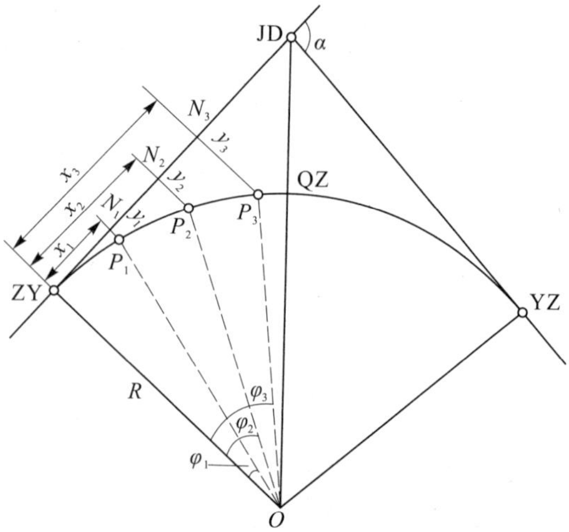

图 4-2　切线支距法

设 P_i 为曲线上欲加测的点位，该点距曲线的起点 ZY（或终点 YZ）的弧长为 l_i，φ_i 为 l_i 所对的圆心角，R 为曲线半径，则曲线上任意一点 P_i 的坐标为：

$$\left.\begin{aligned} x_i &= R\sin\varphi_i \\ y_i &= R(1-\cos\varphi_i) \end{aligned}\right\} \tag{4-9}$$

$$\varphi = \frac{l_i \times 180^\circ}{\pi R} \quad (^\circ) \tag{4-10}$$

【例 4-2】 采用整桩号法计算各整 40 m 桩的切线支距值。

计算结果见表 4-2。

表 4-2 各桩坐标计算表

桩号	各桩至 ZY 或 YZ 的曲线长度 l_i	圆心角（φ_i）	x_i	y_i
ZY K9+453.84	0	0°00′00″	0	0
+460	6.16	1°10′35″	6.16	0.06
+480	46.16	4°59′46″	46.13	1.14
+500	46.16	8°48′54″	45.98	3.54
+540	66.16	14°38′08″	65.63	4.44
+540	86.16	16°44′19″	84.98	14.49
QZ K9+544.849				
+560	45.94	14°49′59″	45.11	9.56
+580	55.94	10°40′48″	55.60	5.40
+600	35.94	6°51′34″	35.83	4.15
+640	15.94	3°04′46″	15.91	0.44
YZ K9+635.914	0	0°00′00″	0	0

切线支距法测设曲线时，如果能用仪器精确定出支距方向，可从 ZY 一直打到 YZ，但有时用方向架配合钢尺测设时，支距过长会产生较大误差，故应从曲线两端向 QZ 测设，具体步骤如下：

（1）从曲线的 ZY 点或 YZ 点开始，沿曲线的切线方向量取 P_i点的横坐标 x_i，得 P 点在切线上的垂足 N_i；

（2）在垂足 N_i上用方向架（支距长时应当用仪器）定出垂直方向，在此方向上量取该点的纵坐标 y_i，则得到该点 P_i；

（3）按照同样方法可测设出其他各点；

（4）曲线上各点测设完后，应当检查相邻各桩的距离，若此距离与桩号差相等或在限差之内，则曲线测设合格。若超限，应当查明原因。

此方法的最大优点就是误差不累积。

2. 偏角法

偏角法是用曲线的起点 ZY 或终点 YZ 点到曲线上任意一点 P_i的弦线与切线 T 间的夹角弦切角（偏角）Δ_1和弦长 c_i来确定 P_i点的位置的一种方法。

如图 4-3 所示，根据几何学的原理可以得到偏角和弦长的计算公式为：

$$\Delta_1 = \frac{\varphi_i}{2} = \frac{l_i}{R}\frac{90°}{\pi} \qquad (4\text{-}11)$$

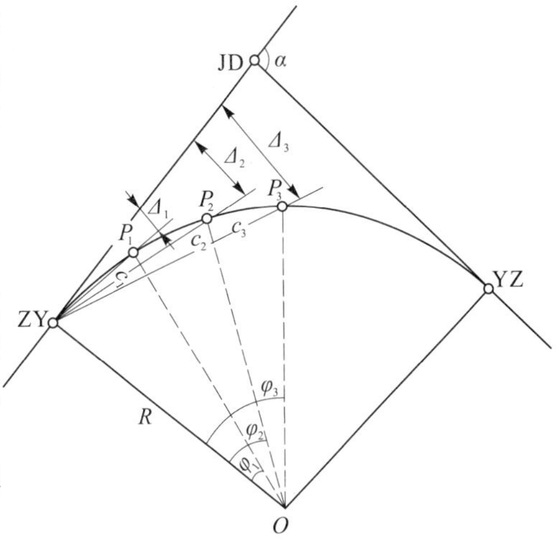

图 4-3 偏角法

$$c_i = l_i - \frac{l_i^{\ 3}}{24R^2} + \cdots \tag{4-12}$$

式中：l_i 为弧长（点 P_i 至 ZY 点或 YZ 点的距离），其中弧弦差

$$\delta_i = l_i - c_i = \frac{l_i^{\ 3}}{24R^2} \tag{4-13}$$

【例 4-3】 现在仍然以例 4-2 中所给定的数据为例，采用偏角法来计算各整桩号的偏角值。

计算结果见表 4-3。

表 4-3 各桩偏角及弦长计算表

桩号	各桩至 ZY 或 YZ 的曲线长度 l_i	偏角值（° ′ ″）	偏角读数（° ′ ″）	相邻桩的弧长	相邻桩的弦长
ZY K9+453.84	0	0 00 00	0 00 00	0	0
+460	6.16	0 35 18	0 35 18	6.16	6.16
+480	46.16	4 49 53	4 49 53	40	40
+500	46.16	4 44 49	4 44 49	40	40
+540	66.16	6 19 04	6 19 04	40	40
+540	86.16	8 13 40	8 13 40	40	40
QZ K9+544.88	91.04	8 41 34	8 41 34	4.849	4.849
			351 18 43	15.14	15.14
+560	45.94	4 14 59	354 45 01	40	40
+580	55.94	5 40 44	354 39 36	40	40
+600	35.94	3 45 48	356 34 14	40	40
+640	15.94	1 31 13	358 48 44	15.94	15.94
YZ K9+635.914	0	0 00 00	0 00 00	0	0

在测设曲线时可以在曲线的起点 ZY 或终点 YZ 分别向曲线的中点 QZ 测设，但在不同的点位测设时就有正拨和反拨两种情况。我们知道，经纬仪的水平度盘是顺时针刻划的。当曲线为右偏时，在 ZY 点安置仪器测设曲线，曲线偏角增加的方向与度盘的增加方向一致，都是顺时针增加，这时称为正拨；而在 YZ 点安置仪器测设曲线，曲线偏角增加的方向（逆时针）与水平度盘的增加方向（顺时针）相反，这时称为反拨。当曲线为左偏时，在 ZY 点测设曲线为反拨、在 YZ 点测设曲线为正拨。正拨时，如果望远镜照准切线方向如果水平度盘配置为 0°，各桩的偏角读数就等于各桩的偏角值，而反拨时则不同，各桩的偏角读数就应等于 360°减去各桩的偏角值。

曲线的详细测设步骤如下（以例 4-3 为例）：

（1）将纬仪安置于 ZY 点（对中、整平），照准 JD 并配置水平度盘于 0°00′00″；

（2）转动照准部使水平度盘的读数为最近一个曲线桩 K9+460 的偏角读数0°35′18″，

从 ZY 点开始,沿此方向用钢尺量取弦长 6.16 m,即可定出 K9 +460 点;

(3)转动照准部使水平度盘的读数为第二个曲线桩 K9 +480 的偏角读数 4°49′53″,由 K9 +460 桩量取弦长 40 m,与视线方向相交即可定出 K9 +480;

(4)按上述方法逐一定出 K9 +500、K9 +540、K9 +540 和 QZ 点 K9 +544.88,此时定出的 QZ 应当与主点测设时的 QZ 点重合,若不重合,也不应超过如下规定:

$$纵向(切线方向)\ \pm \frac{L}{1\ 000}$$

$$横向(半径方向)\ \pm 0.1\ \text{m}$$

式中:L 为为所测设的曲线长度。

(5)将仪器安置于 YZ 点,照准 JD 并配置水平度盘于 0°00′00″;

(6)转动照准部使水平度盘的读数为 K9 +640 的偏角读数 358°48′44″,从 YZ 点开始,沿方向用钢尺量取弦长 15.94 m,即可定出 K9 +640 点;

(7)转动照准部使水平度盘的读数为桩 K9 +600 的偏角读数 356°34′14″,由 K9 +640 桩量取弦长 40 m,与视线方向相交即可定出 K9 +600。

按上述方法逐一定出 K9 +580、K9 +560、K9 +540 和 QZ 点 K9 +544.88,这时定出的 QZ 点的偏差也应当满足上述规定。

偏角法测设圆曲线,不仅可以在 ZY 点或 YZ 点安站测设,也可以在任意点测设,应用起来非常灵活、方便、快捷,是目前在公路测量中广泛采用的方法之一,但该方法最大的缺点是误差有累积,故应采取从曲线两侧向中间测设的方法。

3. 弦线支距法

弦线支距法又称长弦支距法,此种方法也是一种直角坐标法。此方法是以每段圆曲线的起点 ZY 点为坐标原点,以任意段曲线(可以是整条曲线,也可以是任意一段曲线)的弦线为横轴,以过原点的弦线的垂线为纵轴,曲线的各点用该点在此坐标系中的纵横坐标来测设。如图 4-4 所示,以 ZY 为原点,从 ZY 到 A 为一段进行测设,选择 A 点时应当考虑通视条件,具体计算公式如下:

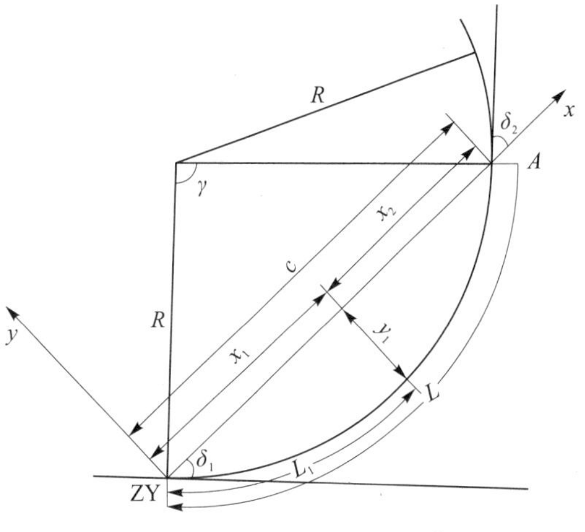

图 4-4　弦线支距法

$$c = 2R\sin\frac{\gamma}{2} \tag{4-14}$$

$$x_i = L_1 - \frac{\left(\frac{L}{2}\right)^3 - \left(\frac{L}{2} - L_i\right)^3}{6R^2} \tag{4-15}$$

$$y_i = \frac{\left(\frac{L}{2}\right)^2 - \left(\frac{L}{2} - L_i\right)^2}{2R} - \frac{\left(\frac{L}{2}\right)^4 - \left(\frac{L}{2} - L_i\right)^4}{24R^3} \tag{4-16}$$

式中:L_i 为置仪点到待测点的弧长;L 为分段的圆弧长。

具体测设步骤如下：

（1）置仪器于 ZY 点（或 YZ 点），后视交点，拨角 δ_1 定出圆曲线的第一段弦的方向，在弦的方向上按 x_1、y_1 的值用支距法设置曲线上各点；

（2）若曲线较长，则置仪器于 A 点，后视 ZY 点或 YZ 点拨角 δ_4 定出第二段弦的方向，按上述方法设置曲线上其他各点。

4. 弦线偏距法

弦线偏距法是一种最适合在密林区或隧道等狭长场地放样曲线的方法。

如图 4-5 所示，PA 为中线的直线段，A 为圆曲线的起点，要求每隔 c 放样一个细部点 P_1、P_2、P_3…，则放样步骤如下：

（1）先延长 PA 至 a 点，使 $Aa=c$；

（2）由 a 点量距 d_1，由 A 点量距 c，两距离交会即可定出细部点 P_1；

（3）延长 AP_1 至点 b，使 $P_1b=c$；

（4）由 b 点量距 d，由 P_1 点量距 c，两距离交会可定出细部点 P_4；

（5）如此反复，以距离 d、c 两距离交会出其余各细部点。交会距离的计算公式如下：

$$d = 2c\sin\frac{c}{2R} \tag{4-17}$$

$$d_1 = 2c\sin\frac{c}{4R} \tag{4-18}$$

或

$$d = \frac{c^2}{R} \tag{4-19}$$

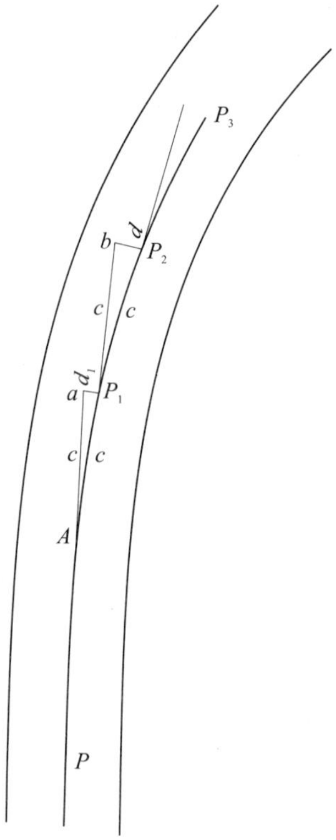

图 4-5　弦线偏距法

此种方法计算简便测设速度快，常用于大半径曲线或半成路基的中线恢复测量或林区曲线测设，但是此种放样方法的精度较低，放样的误差累积较快，不宜同时放样多点，且应从曲线的两侧向中间测设或与切线支距法联合施测以减少误差累积。

5. 极坐标法

随着测距仪和全站仪的日益普及，公路上常用极坐标法来测设曲线。所谓极坐标法，即在已知控制点上安置仪器，通过计算求得欲放样点的放样元素（距离和夹角）并在该点上测设曲线。用极坐标法测设曲线，首先应计算测站点和待测点的坐标，根据测站点和待测点的坐标计算两点间的距离及该边与后视边的夹角，即可测出各待测点的位置。

1）置仪点坐标及放样元素的计算

极坐标法测设曲线时，应先选定一个直角坐标系，一般以 ZY（或 YZ）点为坐标原点，切线为 x 轴，且正向朝向 JD，自 x 轴顺时针转 90°为 y 轴的正向。这时曲线上各点的坐标 x_p、y_p 按式（4-9）计算，当曲线位于 x 轴正向左侧时，y_p 应为负值。

如图 4-6 所示，在曲线附近选择一个通视条件较好的 ZD，将仪器置于 ZY（或 YZ）上，测定 S 及 α_{ZY-ZD}（即 ZY—ZD 直线在该坐标系中的方位角）则转点 ZD 在该坐标系中的坐标为：

$$x_{ZD} = S\cos\alpha_{ZH-ZD} \tag{4-20}$$

$$y_{ZD} = S\sin\alpha_{ZH-ZD} \tag{4-21}$$

直线 ZD—ZH 和 ZD—P 的方位角为：

$$\alpha_{ZD-ZH} = \alpha_{ZY-ZD} \pm 180^\circ \tag{4-22}$$

$$\alpha_{ZD-P} = \arctan\frac{y_p - y_{ZD}}{x_p - x_{ZD}} \tag{4-23}$$

于是 $$\delta = \alpha_{ZD-P} - \alpha_{ZD-ZY} \tag{4-24}$$

$$D = \frac{x_p - x_{ZD}}{\cos\alpha_{ZD-P}} = \frac{y_p - y_{ZD}}{\sin\alpha_{ZD-P}} = \sqrt{(x_p - x_{ZD})^2 + (y_p - y_{ZD})^2} \tag{4-25}$$

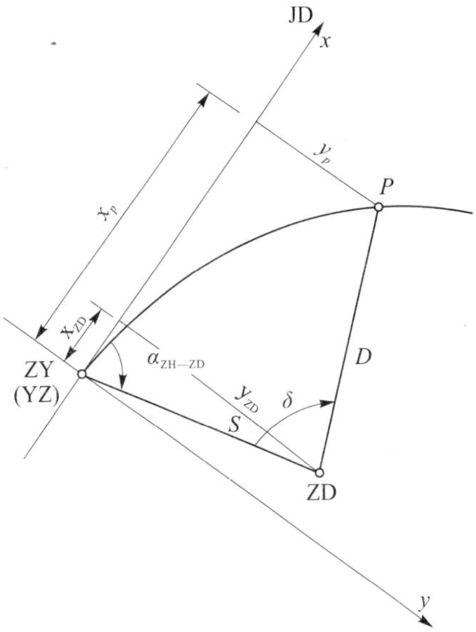

图 4-6　计算放样元素

2）置仪点的设置

采用任意点置仪极坐标法测设曲线时，置仪点可根据现场情况设置。在一般情况下，尽量置仪于曲线上的控制点 ZY（或 YZ）点上，当置仪于 ZY（或 YZ）点上测设曲线范围较小或局部视线受阻时，可以在中线上或中线外设置任意点。任意点一般设在通视条件好，便于测设较多甚至全部曲线的地方，测设曲线转点数不宜多于 4 个，后视边及设置任意点的边长应大于 100 m。

3）测设步骤

（1）置仪于 ZY（YZ）或切线上的已知点（转点、交点等），后视切线上另一个已知点，根据地形条件设置任意点 ZD。

（2）在任意点 ZD 安置仪器，后视 ZY（或 YZ）点，置水平度盘于 0°00′00″。

（3）转动照准部拨角 δ，便可得 P 点的方向，在此方向上量取距离 D，可得 P 点的位置。

（4）重复上述步骤，即可逐一定出曲线上各点。

4.1.2　推荐阅读书目

4.1.2.1　使用教材

《工程测量》，杨中利等主编，中国水利水电出版社，2008。

4.1.2.2　参考书

[1]《土木工程测量》，过静君主编，武汉理工大学出版社，2000。

[2]《工程测量》，杨中利等主编，中国水利水电出版社，2008。

[3]《工程测量规范》，国家技术监督局等，中国计划出版社，1993。

[4]《土木工程测量》，覃辉等主编，同济大学出版社，2004。

任务 4.2 缓和曲线测设

【学习任务】

(1)缓和曲线的概念;

(2)回旋型缓和曲线公式;

(3)带有缓和曲线的圆曲线的主点测设;

(4)带有缓和曲线的圆曲线的测设方法。

【学习目标】

(1)了解缓和曲线的概念;

(2)掌握回旋型缓和曲线公式和带有缓和曲线的圆曲线的主点测设的元素及测设方法。

4.2.1 相关知识

4.2.1.1 缓和曲线的概念

汽车在直线上行驶时没有离心力产生;当汽车在曲线上行驶时就会有离心力产生。当公路的直线段和圆曲线直接相连接时,汽车进入曲线后离心力突然产生、汽车驶出曲线后离心力又突然消失。同时,驾驶员在进入曲线时要迅速改变行车方向,操纵比较困难,造成行车的不安全和乘客的不舒适。在高速度进入小半径的曲线时,这种现象尤为明显。为了缓和行车方向的突变和离心力的突然产生与消失,确保高速行车的安全和舒适,需要在直线和圆曲线之间插入一段曲率半径由无穷大逐渐变化至圆曲线半径的过渡性曲线,此曲线称为缓和曲线。

缓和曲线的作用是使汽车在不降低车速的情况下能均匀徐缓地转向,由直线段逐渐过渡到圆曲线段或由圆曲线段逐渐过渡到直线段,以确保行车的安全和乘客的舒适。在设有超高和加宽时,缓和曲线部分亦作为逐步超高及加宽的部分。

缓和曲线的形式有三种:回旋线、三次抛物线和双扭线。目前,我国公路设计中大多以回旋线作为缓和曲线。

4.2.1.2 回旋型缓和曲线公式

1. 基本公式

如图 4-7 所示,回旋型缓和曲线是曲率半径随曲线的长度的增大而成反比例地均匀减小的曲线,即在回旋线上任意点的曲率半径 ρ 与曲线的长度 l 成反比。用公式表示为

$$\rho = \frac{c}{l} \tag{4-26}$$

或

$$\rho l = c$$

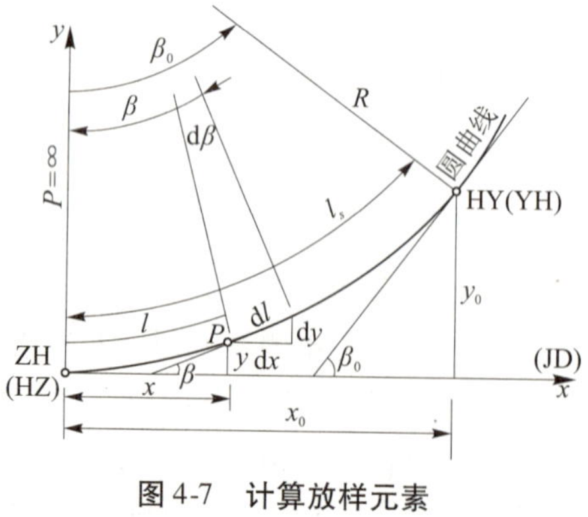

图 4-7 计算放样元素

c 值的确定方法:在缓和曲线终点(HY 或 YH 点)的曲率半径等于圆曲线半径,即 $\rho = R$,曲线

起点到该点的曲线长度即为缓和曲线全长 l_s，即 $l = l_s$，按式(4-26)可得

$$c = Rl_s \tag{4-27}$$

c 为回旋线参数，体现回旋线曲率变化的缓急程度。

缓和曲线长度的确定应考虑乘客的舒适性和超高过渡的需要，并不小于汽车 3s 的行程，且与车速有关。目前我国公路采用：

$$l = 0.035v^3$$

式中：v 为行车速度，以 km/h 计。则缓和曲线的全长

$$l_s = 0.035\frac{v^3}{R} \tag{4-28}$$

考虑上述影响因素，《公路工程技术标准》(JTJ 001—94)制定了各级公路缓和曲线的最小长度，见表4-4。

表4-4　各级公路缓和曲线最小长度

公路等级	高速公路				一级公路		二级公路		三级公路		四级公路	
设计速度(km/h)	140	100	80	60	100	60	80	40	60	30	40	40
缓和曲线最小长度(km)	100	85	40	50	85	50	40	35	50	45	35	40

2. 切线角公式

如图4-7所示，设回旋线上任一点 P 的切线与起点 ZH 或 HZ 切线的交角为 β，该角值与 P_1 点至起点曲线长 l 所对的中心角相等。在 P 处取一段微分弧 dl，所对中心角为 dβ，于是

$$\mathrm{d}\beta = \frac{\mathrm{d}l}{\rho} = \frac{l\mathrm{d}l}{c}$$

积分得：

$$\beta = \frac{l^2}{2c} = \frac{l^2}{2Rl_s} \tag{4-29}$$

当 $l = l_s$ 时，以 β_0 代替 β，式(4-29)可写成：

$$\beta_0 = \frac{l_s}{2R} \tag{4-30}$$

用角度来表示，则

$$\beta_0 = \frac{l_s}{2R}\frac{180°}{\pi} \tag{4-31}$$

β_0 为缓和曲线全长 l_s 所对的中心角，即切线角，也称缓和曲线角。

3. 缓和曲线的参数方程

如4-7所示，以缓和曲线的起点为原点，过该点的切线为 x 轴，半径为 y 轴，取任一点 P 的坐标为(x,y)，则微分弧 dl 在坐标轴上的投影为：

$$\begin{aligned}\mathrm{d}x &= \mathrm{d}l\cos\beta \\ \mathrm{d}y &= \mathrm{d}l\sin\beta\end{aligned} \tag{4-32}$$

将式(4-32)中的 $\cos\beta$、$\sin\beta$ 展开，并将 $\beta = l^2/(2Rl_s)$ 代入，略去高次项便得：

$$
\left.\begin{aligned}
x &= l - \frac{l^5}{40R^2 l_s^2} \\
y &= \frac{l^3}{6Rl_s} - \frac{l^7}{336R^3 l_s^3}
\end{aligned}\right\} \tag{4-33}
$$

式(4-33)即为缓和曲线的参数方程。当 $l = l_s$ 时即可得缓和曲线的终点坐标:

$$
\left.\begin{aligned}
x_0 &= l_s - \frac{l_s^{\ 3}}{40R^2} \\
y_0 &= \frac{l_s^{\ 2}}{6R} - \frac{l_s^{\ 4}}{336R^3}
\end{aligned}\right\} \tag{4-34}
$$

4.2.1.3 带有缓和曲线的圆曲线的主点测设

1. 曲线的内移值与切线增长值

如图 4-8 所示,在直线与圆曲线之间插入缓和曲线时,必须将原有的圆曲线向内移动距离 P 才能使缓和曲线的起点位于直线方向上,这时切线增长了 q。公路上一般采用圆心不动的平行移动方法,即未设缓和曲线时的圆曲线为 FG,其半径为$(R+P)$;插入两段缓和曲线 AC 和 BD 后,圆曲线向内移,其保留部分为 CMD,半径为 R,所对的圆心角为 $\alpha - 2\beta_0$ 。由图可知:

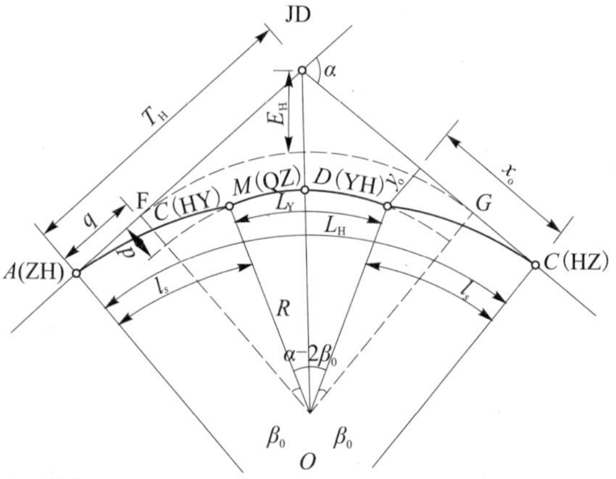

图 4-8 曲线的内移值与切线增长值

$$
\left.\begin{aligned}
p &= y_0 - R(1 - \cos\beta_0) \\
q &= x_0 - R\sin\beta_0
\end{aligned}\right\} \tag{4-35}
$$

将式(4-35)中 $\sin\beta_0$ 、$\cos\beta_0$ 展开,并略去高次项,并按公式将 β_0 、x_0 和 y_0 代入,便可得:

$$
\left.\begin{aligned}
p &= \frac{l_s^3}{24R} \\
q &= \frac{l_s}{2} - \frac{l_s^3}{240R^2}
\end{aligned}\right\} \tag{4-36}
$$

由式(4-36)可知,内移距 P 等于缓和曲线中点纵坐标 y 的两倍;切线增长值 q 为缓和曲线长度的一半,缓和曲线的位置大致是一半占用直线部分,另一半占用原圆曲线部分。

2. 曲线测设元素的计算

当测得曲线的转角 α ,圆曲线半径 R 和缓和曲线长 l_s 确定后,即可按公式计算切线角 β_0 、内移值 P 及增长值 q,并在此基础上计算曲线测设元素。

如图 4-8 所示,曲线测设元素的计算公式如下:

切线长 $$T_H = (R + P)\tan\frac{\alpha}{2} + q$$

曲线长 $$L_H = R(\alpha - 2\beta_0)\frac{\pi}{180^\circ} + 2l_s$$

$$L_H = R\alpha\frac{\pi}{180} + l_s \tag{4-37}$$

其中圆曲线长 $$L_Y = R(\alpha - 2\beta_0)\frac{\pi}{180^\circ}$$

外距 $$E_H = (R + P)\sec\frac{\alpha}{2} - R$$

切曲差 $$D_H = 2T_H - L_H$$

3. 曲线主点里程及主点测设

根据交点的里程和曲线测设元素，可计算出主点里程：

$$\begin{aligned}
&\text{直缓点} \quad ZH = JD - T_H \\
&\text{缓圆点} \quad HY = ZH + l_s \\
&\text{圆缓点} \quad YH = HY + L_y \\
&\text{缓直点} \quad HZ = YH + l_s \\
&\text{曲中点} \quad QZ = HZ - \frac{L_H}{2} \\
&\text{交点} \quad JD = QZ + \frac{D_H}{2}(\text{校核})
\end{aligned} \tag{4-38}$$

主点 ZH、HZ 和 QZ 的测设方法同圆曲线的主点测设方法相同。HY 和 YH 点可按公式计算出 x_0、y_0 后，用切线支距法测设。

4.2.1.4 带有缓和曲线的圆曲线的测设方法

1. 切线支距法

切线支距法是以曲线的起点 ZH 点或终点（HZ 点）为坐标原点，以切线为 x 轴，过原点的半径为 y 轴，利用缓和曲线和圆曲线上各点的坐标 x、y 来测设曲线。

如图 4-9 所示，曲线上各点的坐标按式（4-39）和式（4-40）计算：

（1）在缓和曲线范围内：

$$\left.\begin{aligned}
x &= l - \frac{l^5}{40R^2 l} \\
y &= \frac{l^3}{6Rl_s} - \frac{l^7}{336R^3 l_s^3}
\end{aligned}\right\} \tag{4-39}$$

（2）在圆曲线范围内：

$$\left.\begin{aligned}
x &= R\sin\varphi + q \\
y &= R(1 - \cos\varphi) + p \\
\varphi &= \frac{l - l_s}{R}\frac{180^\circ}{\pi} + \beta_0
\end{aligned}\right\} \tag{4-40}$$

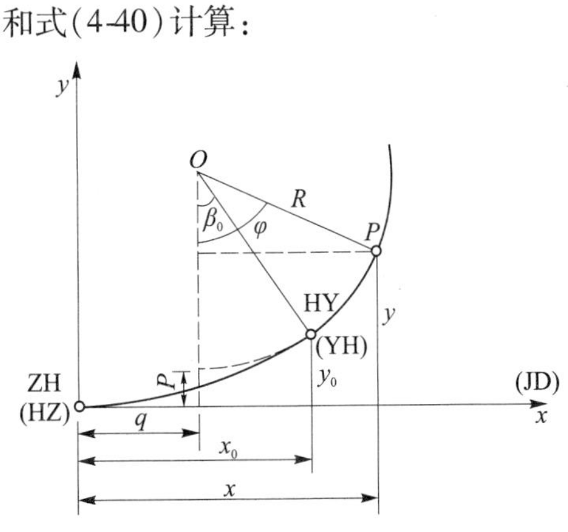

图 4-9 切线支距法

或
$$\varphi = \frac{l}{R}\frac{180°}{\pi} + \beta_0$$

式中：l 为测点至 ZH 或 HZ 的曲线长；l_s 为缓和曲线长；β_0 为缓和曲线角；l 为该点到 HY 或 YH 的曲线长，仅为圆曲线部分的长度。

测设步骤：

在算出缓和曲线和圆曲线上各点坐标后，即可按圆曲线的切线支距法的测设方法进行测设。

圆曲线上的各点亦可以 HY 点或 YH 点为原点用切线支距法进行测设。但此时要找出 HY 点（或 YH 点）的切线方向。

如图 4-10 所示，计算出 T_d 长度，在 ZH 点（或 HZ 点）沿切线方向量出 T_d，即可在 HY 点或 HZ 点确定切线方向。

$$T_d = x_0 - \frac{y_0}{\tan\beta_0} = \frac{2}{3}l_s + \frac{l_s^3}{360R^2} \quad (4\text{-}41)$$

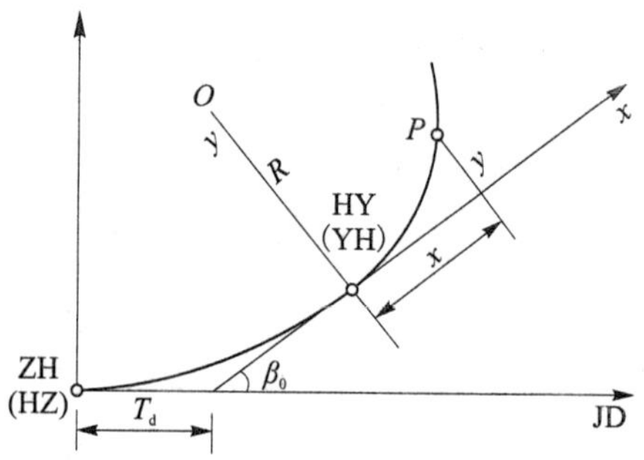

图 4-10

2. 偏角法

缓和曲线也可以像圆曲线一样用偏角法来进行测设。如图 4-11 所示，设平曲线上任一点 P 的坐标为 x、y，则其偏角 δ 和弦长 c 的计算可由三角形得：

$$\left.\begin{aligned}\delta &= \arctan\frac{y}{x}\\ c &= \sqrt{x^2 + y^2}\end{aligned}\right\} \quad (4\text{-}42)$$

可用式（4-42）计算偏角和弦长，然后根据圆曲线的偏角法测设曲线。另外，偏角的计算也可由下述方法确定。

根据图 4-11，设曲线上任一点 P 的偏角为 δ，至 ZH 点或 HZ 点的曲线长为 l，其近似与曲线长相等，也为 l。由直角三角形得

$$\sin\delta = \frac{y}{l}$$

因 δ 很小，$\sin\delta \approx \delta$，考虑 $y = \dfrac{l^3}{6Rl_s}$，则

$$\delta = \frac{l^2}{6Rl_s} \quad (4\text{-}43)$$

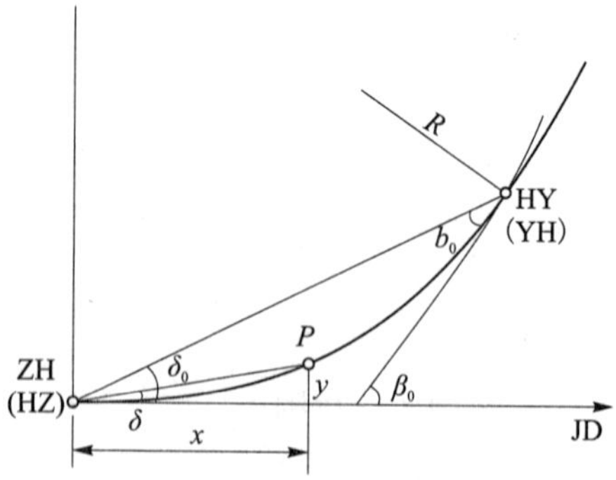

图 4-11　偏角法测设曲线

当 $l = l_s$ 时的偏角即为缓和曲线的总偏角，用 δ_0 表示，即

$$\delta_0 = \frac{l_s}{6R} \quad (4\text{-}44)$$

考虑到 $\beta_0 = \frac{ls}{2R}$，所以

$$\delta_0 = \frac{1}{3}\beta_0 \tag{4-45}$$

计算出缓和曲线上任一点的偏角 δ 后，可将仪器置于 ZH 点或 HZ 点上，用与偏角法测设圆曲线相同的方法来测设缓和曲线。由于缓和曲线的弧长近似等于弦长，因而实际测量时，不是量弧长而是量弦长。或半径较小（一般 $R \leqslant 300$ m 或桩距 $\geqslant 40$ m 时），应考虑弧弦差。

缓和曲线测设结束后，应将仪器搬至 HY 点（或 YH 点）进行圆曲线的测设。这时，问题的关键是找 HY 点（或 YH 点）的切线方向，即图 4-11 中的 b_0 角，由图中可以看出

$$b_0 = \beta_0 - \delta_0 = 2\delta_0 \tag{4-46}$$

测设时，将仪器安置于 HY 点（YH 点）上，照准 ZH 点（或 HZ 点），置度盘于 b_0（右偏时为 $360 - b_0$），旋转照准部使水平度盘为零度时倒镜，此时的视线方向即为 HY 点的切线方向。

3. 长弦偏角法

长弦偏角法的计算和测设方法与偏角法的原理相同，区别只是此方法直接用置仪点到各待测点的长弦来取代相邻点的弦长，如图 4-12，置仪点到各测点的弦长按式(4-47)计算：

$$c_i = \sqrt{x^2 + y^2} \tag{4-47}$$

偏角为

$$\delta_i = \arctan\frac{y_i}{x_i} \tag{4-48}$$

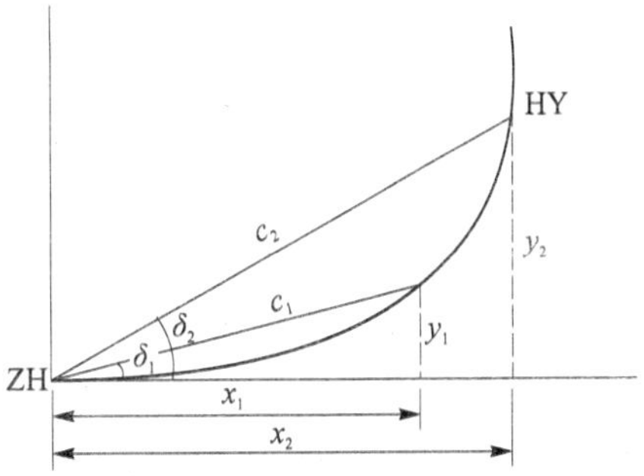

图 4-12　长弦偏角法

式中，x_i、y_i 的计算公式就是切线支距法的公式。

4. 极坐标法

以 ZH 点或 HZ 点为坐标原点，以切线方向为 x 轴，并且正向朝向交点，自 x 轴正向逆时针旋转 90°（右偏时顺时针旋转 90°）为 y 轴的正向。这时，曲线上各点的坐标 x_p、y_p 仍按式(4-39)计算。

极坐标法的具体测设方法与圆曲线的测设方法相同。

4.2.2　推荐阅读书目

[1]《土木工程测量》，过静君主编，武汉理工大学出版社，2000。

[2]《工程测量》，杨中利等主编，中国水利水电出版社，2008。

[3]《工程测量规范》，国家技术监督局等，中国计划出版社，1993。

[4]《土木工程测量》，覃辉等主编，同济大学出版社，2004。

任务4.3 路基施工放样

【学习任务】

(1)路基层结构层平整度和高程的控制;

(2)路基施工放样的方法。

【学习目标】

(1)掌握路基层结构层平整度和高程的控制;

(2)掌握路基施工放样的方法。

4.3.1 相关知识

4.3.1.1 路基结构层平整度和高程的控制

在路基施工中,尤其是结构层的施工中,控制好结构层的平整度和高程,对于提高施工质量和节省人、机、料至关重要,而平整度和高程是由测量人员来控制的。一般来讲,路基结构层的施工方法都是采用半幅施工的,如图4-13所示。首先用机械摊平,然后用人工找平。这样的施工方法速度较快。

用此种方法施工通常称挂"米"字线法。根据在路中线和路边线所挂两条纵线和 *AC*、*BC*、*AD*、*BD* 挂斜线组成纵横交错的标志线。施工时,先挂上两条纵线 *AB* 和 *CD*,然后用机械摊铺,其高度的控制参考中线和边线所挂的施工线,待机械摊铺结束后,再挂上 *AC*、*AD*、*BC*、*BD* 四条线,用人工进行找平,其两条纵线和四条斜线的挂线高度采用不等值松铺量法进行挂线,但这里讲的松铺量不能单纯根据试验路段所求的某种材料的松铺系数来确定,因为在施工过程中,各类施工人员的施工习惯不同,有的习惯"扛线",有的习惯"压线"。对于"扛线"的施工队伍,挂线时考虑松方量要小;对于"压线"的施工队伍,在挂线时考虑松方量要大一些。这样才能有利于高程的控制。

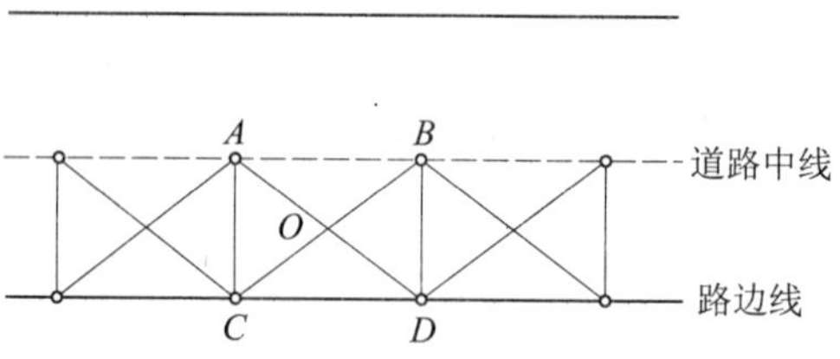

图4-13 挂线法施工

而就施工整体而言,在每一个施工区域,如图4-13中 *ABCD* 所围成的范围中,各条线的交点又是高程偏低的地方,即 *A*、*B*、*C*、*D*、*O* 点附近的区域,一般较其他地方偏低,而半幅路中的"二肋"处由于摊铺机械的反复碾压致使其密实度较高,压路机碾压后压实量较小,施工中应加以考虑。在初压结束后应重点复测这些区域,重新找平,以提高高程控制的质量。

4.3.1.2 路基施工放样

1. 路基边桩的放样

路基边桩测设就是在地面上将每一个横断面的路基边坡线与地面交点用木桩标定出来。边桩的位置由两侧边桩至中桩的距离来确定。常用的边桩的放样方法有图解法和解析法。

图解法即直接在横断面图上量取中桩至边桩的距离，然后在实地用皮尺沿横断面方向测定其位置。当填挖高度不大时，采用此种方法较为简便。

2. 路基边桩至中桩的距离

1）平坦地段路基边桩的放样

填方路基称为路堤，如图 4-14 所示，路堤边桩至中桩的距离为：

$$D = \frac{B}{2} + mh \tag{4-49}$$

挖方路基称为路堑，如图 4-15 所示，路堑边桩至中桩的距离为：

$$D = \frac{B}{2} + s + mh \tag{4-50}$$

以上两式中：B 为路基设计宽度；m 为路基边坡坡度；h 为填土高度或挖土深度；s 为路堑边沟顶宽。

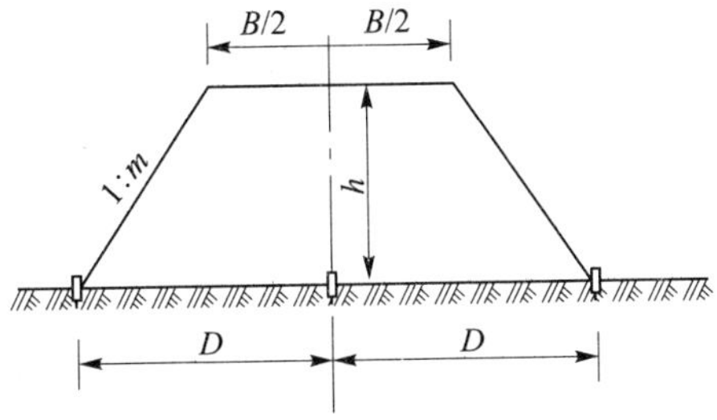

图 4-14　路堤边桩放样

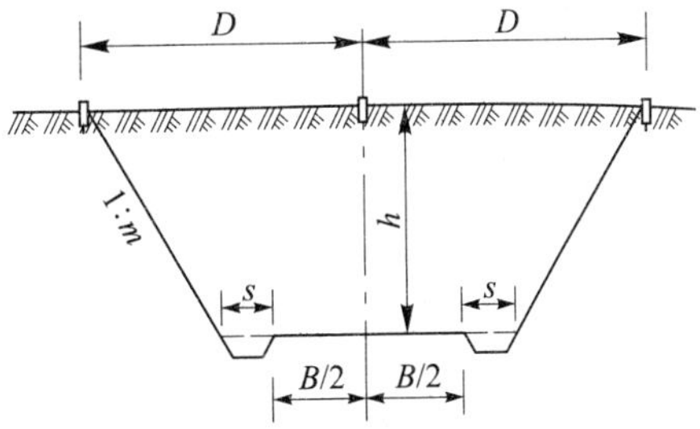

图 4-15　路堑边桩放样

以上是断面位于直线段时求 D 值的方法。若断面位于曲线上有加宽时，在用上述方法求出 D 值后，还应于曲线内侧的 D 值中加上加宽值。

2）倾斜地段路基边桩的放样

在倾斜地段，边桩至中桩的距离随着地面坡度的变化而变化。如图 4-16 所示，路堤边桩至中桩的距离为：

$$\left.\begin{aligned} &\text{斜坡上侧} \quad D_{上} = \frac{B}{2} + m(h_{中} - h_{上}) \\ &\text{斜坡下侧} \quad D_{下} = \frac{B}{2} + m(h_{中} + h_{下}) \end{aligned}\right\} \tag{4-51}$$

如图 4-17 所示，路堑边桩至中桩的距离为：

$$\left.\begin{aligned} &\text{斜坡上侧} \quad D_{上} = \frac{B}{2} + s + m(h_{中} + h_{上}) \\ &\text{斜坡下侧} \quad D_{下} = \frac{B}{2} + s + m(h_{中} - h_{下}) \end{aligned}\right\} \tag{4-52}$$

式中：B、S 和 m 为已知；$h_{中}$ 为中桩处的填挖高度，也为已知；$h_{上}$、$h_{下}$ 为斜坡上侧与下侧边桩与中桩的高差，在边桩未定出之前则为未知数。

因此，在实际工作中采用逐渐趋近法测设边桩。先根据地面实际情况，并参考路基横

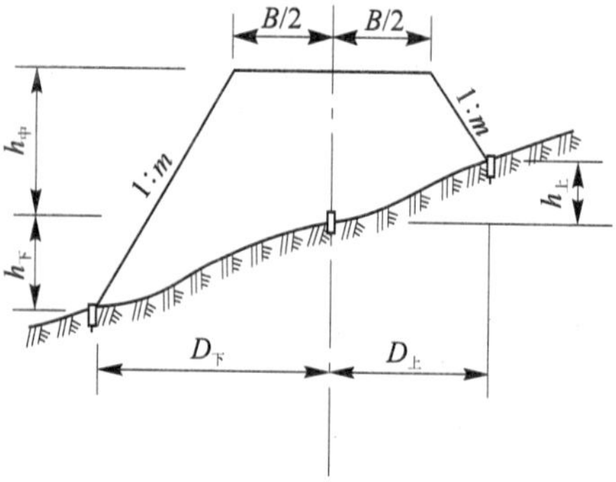

图 4-16 倾斜地面路堤边桩的放样

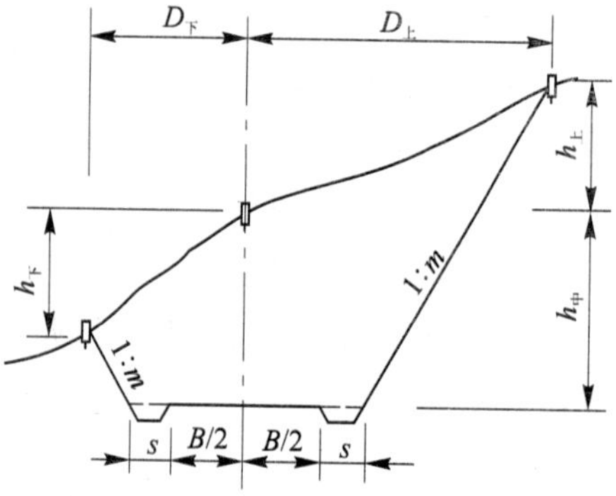

图 4-17 倾斜地面路堑边桩的放样

断面图，估计边桩的位置，然后测出该估计位置与中桩的高差，以此作为 $h_{上}$、$h_{下}$，代入式(4-51)、式(4-52)式中计算 $D_{上}$、$D_{下}$，并据此在实地定出其位置。若估计位置与其相符，即得边桩位置；否则应按实测资料重新估算边桩位置，重复上述工作，直至相符为止。

在实际工作中，也可采用下述方法测设。如图 4-18 所示在路堤下坡放样时，先用皮尺由中心量出按平地时计算边桩的位置，$D_{左} = \dfrac{b}{2} + mh$ 得 1 点，并测出 1 点与 O 点间的高差 h_1，用高差 h_1 乘以 m 得 $l_1 = m \times h_1$，从 1 点向外量 l_1 得 2 点，再测出 1、2 点间的高差 h_2，并计算距离 $l_2 = m \times h_2$，再由 2 点继续向外量 l_2 得 3 点，再测出 2 点和 3 点的高差……进行到最后高差很小时，得出 4 点就是边桩的位置。

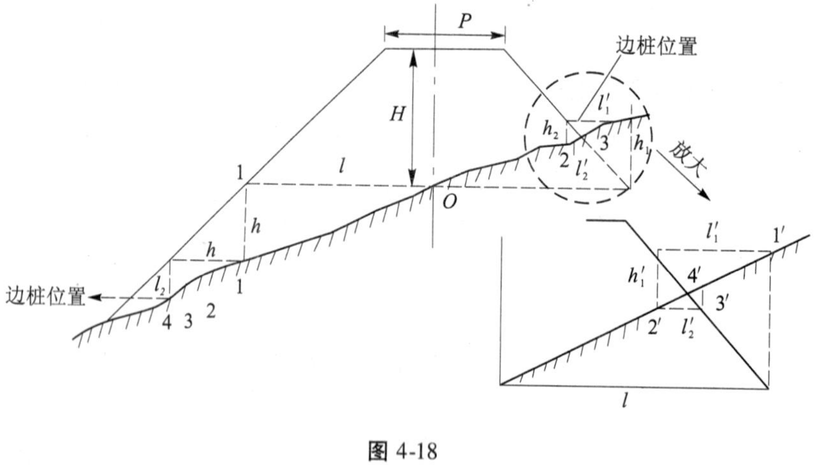

图 4-18

在路堤边坡上坡方向放样边桩时，同样用皮尺量出按平地计算的边桩位置 1′ 点，测出 O 与 1′ 两点的高差 h'_1，用 h'_1 乘以 m 得距离 l'_1，从 1′ 点位置往回量 l'_1 距离得 2′ 点，再测出 1′ 与 2′ 之差，乘以 m 得距离 l'_2，从 2′ 点向外量 l'_2 得 3′ 点……如此一边量一边算，到最后高差很小时，得出 4′ 点即边桩位置。

路堑边桩放样同路堤放样一样，不过上下坡的算法正好相反。如图 4-19 所示，在斜坡地面上：路堑边桩的位置与平地比较就是上坡方向增加一段距离，下坡方向减小一段距离。

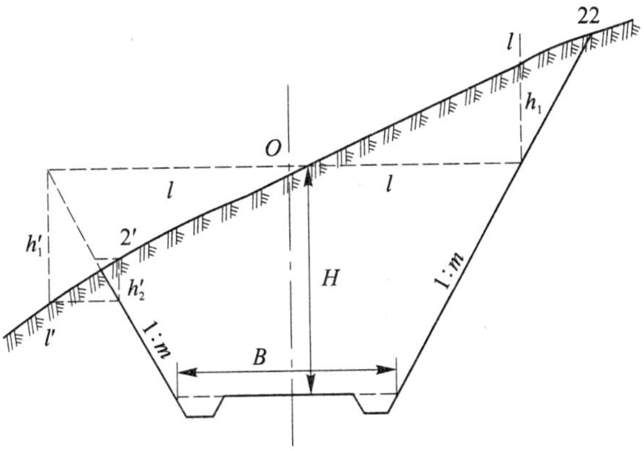

图 4-19

用此法放样时，应进行校核，避免错误。校核方法：测出 A 对于 O 点的高差，算出 $D=\frac{b}{2}+m(H-h)+s$，与实地比较，以检查错误。

在倾斜地面放样边桩位置对于路基的铺设或路堑的开挖十分重要。对于路堤来说，边桩放宽了，浪费巨大的土石方量；边桩放窄了，需重新加宽路基，影响路基稳定性。而对路堑（或垭口）来说，边桩位置放宽后同样造成巨大的浪费。而边桩一旦放窄了，挖掘机很难再进行刷坡，所以对于倾斜地面的边桩放样，尤其是垭口的开挖边线的确定十分重要。下面介绍一种能准确计算开挖边线位置的方法——解析法，如图 4-20 所示。

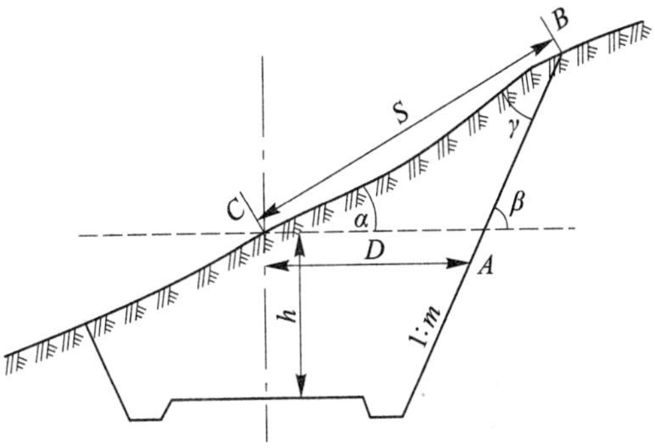

图 4-20　解析法确定倾斜地面开挖边线

要确定路堑的开挖边线，只要能准确计算出地面的斜距 S 即可。

在图 4-20 中，D 为视地面为水平时的边桩距离，由 $D=\frac{b}{2}+s+mh$，可求边坡的倾角 $\beta=\arctan\frac{1}{m}$。当边坡比为 1∶1时，$\beta=45°$；当边坡比为 1∶1.5 时，$\beta=33°41'24''$。原地面的倾角 α 可在 O 点或 B 点架设经纬仪测出，或用水准仪测出 OB 之间的高差来求得（B 点在边桩位置未确定前可估计一个略大于实际位置的点位）。在 $\triangle OAB$ 中，$\angle\gamma=\angle\beta-\angle\alpha$，由正弦定理得：

$$\frac{D}{\sin\gamma}=\frac{S}{\sin\beta}\qquad S=D\frac{\sin\beta}{\sin\gamma}=D\frac{\sin\beta}{\sin(\beta-\alpha)}$$

则
$$S = \left(\frac{b}{2} + s + mh\right)\frac{\sin\beta}{\sin(\beta - \alpha)} \tag{4-53}$$

式中：β 为路堑边坡角，$\beta = \arctan\frac{1}{m}$；$\alpha$ 为原倾斜地面倾角。

具体放样方法：

(1)在中桩位置安置经纬仪，量取仪器高，在欲开挖的边坡位置附近立水准尺，用经纬仪照准尺上读数为仪器高的位置，测出原地面倾角 α。

(2)按地面水平时的计算公式，求出地面水平时的开挖边界 $D = \frac{b}{2} + s + mh$。

(3)根据设计文件给定的边坡比求出 β。当边坡比为1∶1时，$\beta = 45°$；当边坡比为1∶1.5时，$\beta = 33°41'24''$。

(4)根据 α、β、D，计算 S 值。

(5)从地面中桩开始，用皮尺量取 S 值，即可确定开挖边界。

采用此法确定边桩位置既快又准，避免造成浪费。同样道理，也可确定倾斜地面路堤的边桩位置，这里不再赘述。

3. 放边桩注意事项

(1)在计算边桩距离时，要注意路基尺寸和要求，如路基内外是否有加宽值，对路堑的 B 值要注意边沟的设计尺寸及是否有平台，在放边桩时加以考虑。

(2)地形复杂时，最好用仪器放边桩，在曲线地段，要注意使断面方向与路线中心线的切线方向垂直。

(3)测完一段边桩后进行复核，地面平坦或坡度一致时，边桩连起来应为一直线或圆缓的曲线，如果个别桩有凸凹现象，就说明有错。

4. 路基放样

在路基施工中，路基填土时采用挂线法施工。即在每层土基施工结束后，当欲填筑上一层土时，采用钉桩挂线法进行施工。在以往的施工中，往往都是利用水准仪后视一已知水准点，求出视线高，然后根据各桩号(左、中、右桩)的设计高程和各桩号欲填土的标高，求出各桩位的前尺读数，由观测者指挥立尺员上下移动水准尺以确定挂线高度。采用此种方法，既费人力(至少需要三人)，又影响观测效率，而且在水准尺的下端画线误差较大，故应采用观测桩顶标高的方法。即在求出桩顶高程后，根据每层设计标高与桩顶标高之差求出从桩顶须下返的高度值(不考虑松铺系数)，在设计高程的位置，用马蹄扣系一短线，以确定该层路基压实后的位置。在挂线时，各桩位采用不用的松铺高度来确定挂线高度。例如，当前施工层位填土厚度假定为 20 cm，理论上所挂线绳离地面高度均应 20 cm 加上松铺系数，因前一层施工质量(平整度)影响，在有些桩位所挂短线的高度大于 20 cm，有些桩位挂线高度又低于 20 cm，那么，在短线高度大于 20 cm 的桩位，所挂的施工线就要高一些，短线高度小于 20 cm 的桩位所挂施工线就要低一些，如图 4-21 所示。

如图 4-21 所示，在施工上土前，整个施工线看起来不是一个顺滑的(或等坡度的)直线，而是随各桩位添土厚度的不同而形成一条有升有降的折线，只有这样才能弥补前一层路基施工中平整度不好的不足。

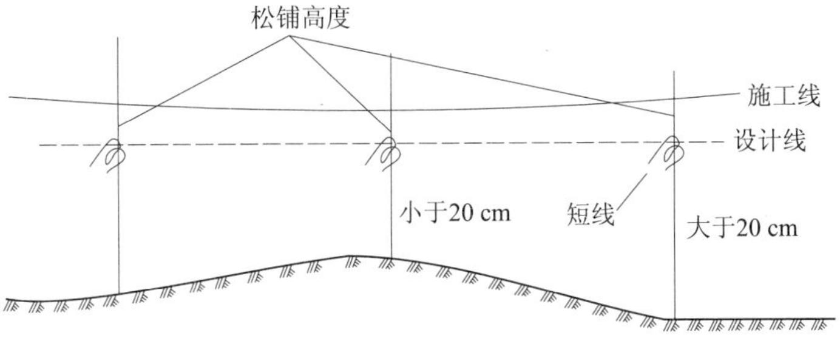

图 4-21　不等量松铺值法挂线施工

采用上述方法挂线，对于测量工作来说，大大提高了工作效率，测工的观测时间大大缩短。桩顶标高测量完成后，余下的挂短线和挂施工线的工作完全可以由辅助人员用小刚卷尺来完成。挂完线、上完土经摊平初压后，可将各个桩位的短线用脚踢出，与碾压后的路基高度进行比较，若在桩上的短线露出地面则说明该桩位的标高较低，需要填土；若在桩上的短线埋在土中，则说明该桩位添土过高，需要撤土。经过这样二次找平后就能更好地控制路基施工的平整度，是一种行之有效的方法。

4.3.2　推荐阅读书目

[1]《土木工程测量》，过静君主编，武汉理工大学出版社，2000。

[2]《工程测量规范》，国家技术监督局等，中国计划出版社，1993。

[3]《土木工程测量》，覃辉等主编，同济大学出版社，2004。

[4]《工程测量》，杨中利等主编，中国水利水电出版社，2008。

任务 4.4　路面放样

【学习任务】

(1) 中线测量的基本要求；

(2) 路线纵横断面测量；

(3) 道路施工测量和公路中线的展绘。

【学习目标】

(1) 了解中线测量的基本要求；

(2) 掌握路线纵横断面测量及道路施工测量和公路中线的展绘。

4.4.1　相关知识

4.4.1.1　中线测量的基本要求

中线边长测量的要求同导线测量。中线上应钉设公里桩和加桩，并宜钉设百米桩。直线上的中桩间距不宜大于 50 m，一般为 20 m。

在圆曲线的主点设置后，即可进行曲线的详细测设。详细测设所采用的桩距 l_0 与曲

线半径有关,一般有如下规定:

(1)不设超高的曲线, $l_0 = 25$ m

(2)$R>60$ m 时, $l_0 = 20$ m

(3)30 m $<R\leqslant 60$ m 时, $l_0 = 10$ m

(4)$R<30$ m 时 $l_0 = 5$ m

按桩距 l_0 在曲线上设桩,通常有两种方法:

(1)整桩号法。将曲线上靠近起点 ZY 的第一个桩的桩号凑成为 l_0 倍数的整桩号,然后按桩距 l_0 连续向曲线终点 YZ 设桩。这样设置的桩均为整桩号。

(2)整桩距法。从曲线起点 ZY 和终点 YZ 开始,分别以桩距 l_0 连续向曲线中点 QZ 设桩。

由于这样设置的桩均为零桩号,因此应注意加设百米桩和公里桩。

目前公路设计文件里的路基设计表所给定的设计标高均是桩号为整 50 m 或整 25 m 处的标高,所以中线测量中一般均采用整桩号法。

中桩桩位误差不应超过表 4-5 的规定。

表 4-5 中桩位置误差规定

	高速公路、一级公路		二级以下	
	平微区	山重区	平微区	山重区
纵向误差(m)	$S/2\ 000+0.05$	$S/2\ 000+0.1$	$S/1\ 000+0.1$	$S/1\ 000+0.1$
横向误差(cm)	5	10	10	15
纵向闭和差(cm)	1/2 000	1/1 000	1/1 000	1/500
横向闭和差(cm)	10		10	15

4.4.1.2 **路线纵断面测量**

(1)基平测量——控制测量(同四等水准测量)。

(2)中平测量——逐个测定中桩的地面高程,见图 4-22。

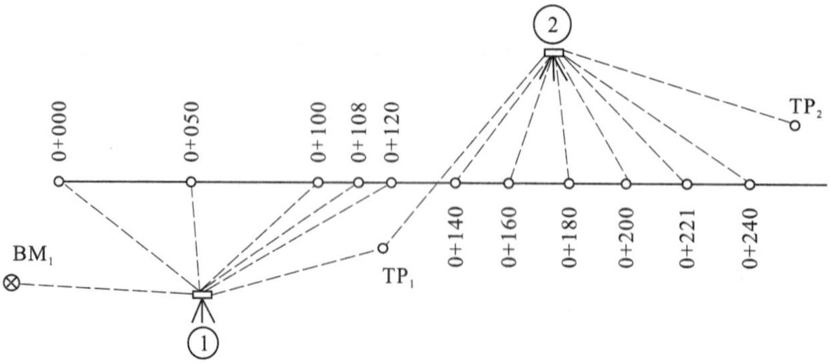

图 4-22 中平测量

(3)纵断面图的绘制及施工量计算,见图 4-23。

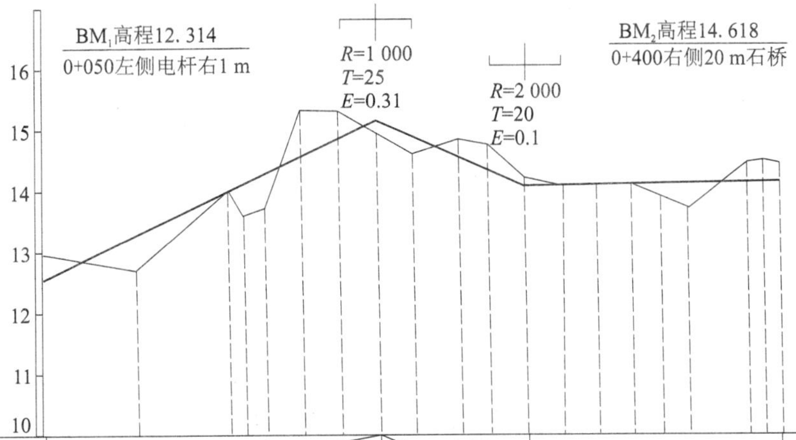

坡度与距离	1.40	1.25	0
	180	80	140

桩号	0+000	+050	+100	+108	+120	+140	+160	+180	+200	+221	+240	+260	+280	+300	+320	+335	+350	+384	+391	+400
设计高程	12.50	13.20	13.90	14.01	14.18	14.46	14.74	15.02	14.77	14.51	14.27	14.02	14.02	14.02	14.02	14.02	14.02	14.02	14.02	14.02
地面高程	12.89	12.61	13.89	13.48	13.60	15.16	15.14	14.84	14.46	14.65	14.60	14.08	14.01	14.00	13.99	13.79	13.59	14.32	14.37	14.33
填挖土 填		0.59	0.01	0.53	0.58			0.18	0.31				0.01	0.02	0.03	0.23	0.43			
填挖土 挖	0.39					0.70	0.40			0.14	0.33	0.06						0.30	0.35	0.31

直线与曲线
JD$_1$0+221.70　a=10° 50′（右）　R=1 200 T=113.78　L=226.90　E=5.39

图 4-23　纵断面图的绘制

4.4.1.3　路线横断面测量

在各中心桩处测定垂直于中线方向的地面起伏，然后绘成横断面图，是横断面设计、土石方等工程量计算和施工时确定断面填挖边界的依据。横断面测量的宽度，根据实际工程要求和地形情况确定。一般在 15～50 m，距离和高差分别准确到 0.1 m 和 0.05 m 即可满足要求。

1. 测设横断面方向

直线段上的横断面方向，是与线路中线向垂直的方向。曲线上的横断面方向是与曲线的切线相垂直的方向。

2. 测定横断面上点位

中桩的地面高程测出，只要测量出各地形特征点相对于中线桩的平距和高差，就可以确定其点位和高程，平距和高差可用下述方法测定。

(1)水准仪皮尺法。

如图 4-24 所示，此方法详见本书任务 3.4 渠道施工测量实训指导。

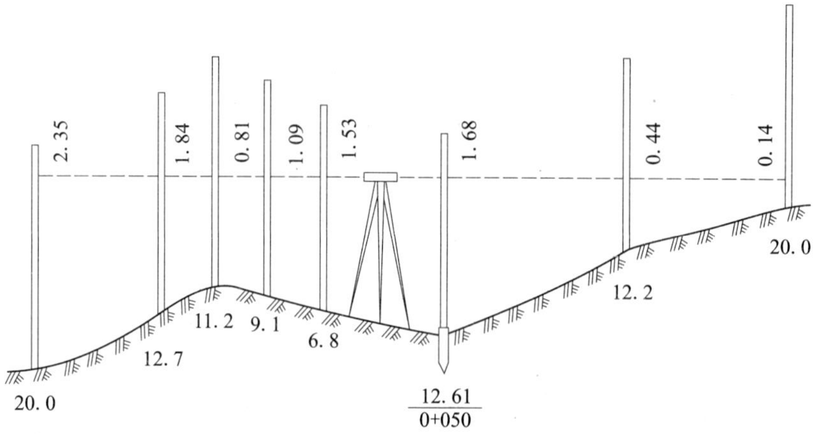

图 4-24　水准仪皮尺法测横断面

将测量结果记录在横断面测量记录表中，如表 4-6 所示。

表 4-6　横断面测量记录表

左侧	桩号	右侧
$\frac{-0.6}{3.5}$　$\frac{+2.8}{14.7}$　$\frac{+1.9}{7.9}$　$\frac{-1.1}{5.1}$	82K＋080	$\frac{+0.8}{4.5}$　$\frac{+0.9}{4.8}$　$\frac{+2.5}{12.5}$　$\frac{+0.5}{10.3}$

3. 横断面图的绘制

根据实际工程要求，参照《线路工程测图种类及比例尺》确定绘制横断面图的水平和垂直比例尺。依据横断面测量得到的各点间平距和高差，在毫米方格纸上绘出各中线桩的横断面图，如图 4-25 所示。

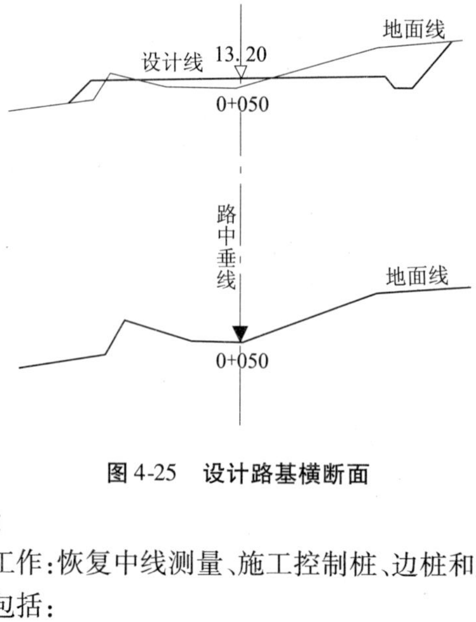

图 4-25　设计路基横断面

4.4.1.4　道路施工测量

道路施工测量主要工作：恢复中线测量、施工控制桩、边桩和竖曲线的测设。

施工控制桩的测设包括：

(1)平行线法(适用于地势平坦地区直线)段,如图 4-26 所示。

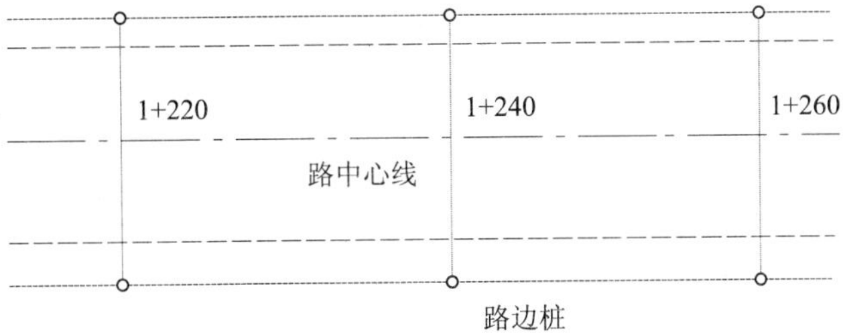

图 4-26　平行线法

(2)延长线法,如图 4-27 所示。

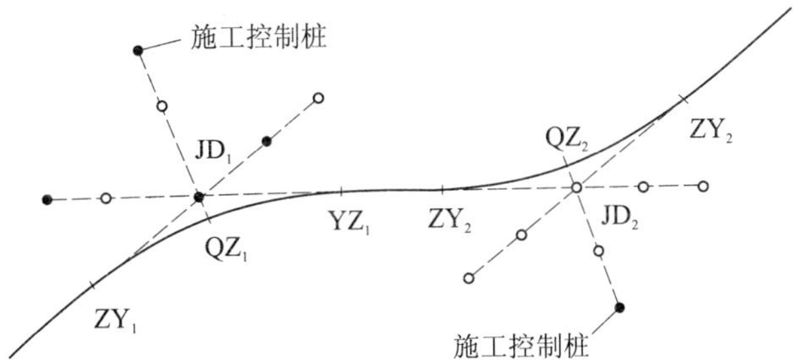

图 4-27　延长线法

4.4.1.5　地形图的绘制

公路路线带状地形图的比例尺一般为 1∶1 000 或 1∶2 000,其施测宽度依设计路基宽度和地面情况而定,一般以中线为准,两侧各测 100 ~ 200 m。对地物地貌简单,地势平坦的地区,比例尺可采用 1∶5 000,测绘宽度不小于 250 m。一般公路带状地形图的测绘,是依公路中线为测图导线,并展绘各交点、转点和里程桩。以这些点为测站点测绘中线两侧的碎部点,然后绘制带状地形图。

测图前应先展绘路线导线,绘出曲线,并标注百米桩及公里桩,其展绘方法有以下几种:

(1)用量角器和直尺展绘。按照路线转角的大小和方向以及导线边长,用量角器和直尺从左向右依测图比例尺展绘路线导线。

(2)切线法展绘导线(解析法)。如图 4-28 所示,按比例尺将导线边 $AB = l_1$ 绘在图

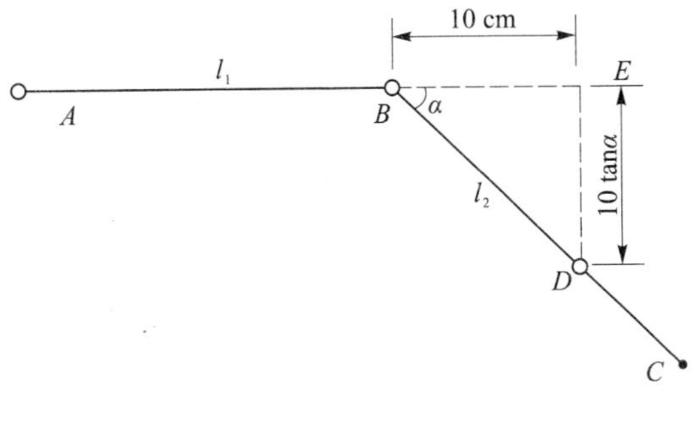

图 4-28

纸上，并延长至 E 点。为计算方便，一般取 $BE = 10$ cm。三角形另一直角边长度为 $ED = BE\tan\alpha = 10\tan\alpha$。在 E 点向路线偏转方向作垂线，量 ED 的长度得 D 点，连接 BD 并延长至 C 点，使 BC 长度等于第二条导线边长 l_2，则 C 点即为下一个交点的位置。

(3)按交点坐标展绘导线。可用导线的内业计算方法来计算各交点及转点的坐标，按其坐标便可将各交点及转点展绘于图上。

4.4.2 推荐阅读书目

[1]《土木工程测量》，过静君主编，武汉理工大学出版社，2000。

[2]《工程测量规范》，国家技术监督局等，中国计划出版社，1993。

[3]《土木工程测量》，覃辉等主编，同济大学出版社，2004。

[4]《工程测量》，杨中利等主编，中国水利水电出版社，2008。

任务 4.5 桥梁、墩台定位测量

【学习任务】

(1)直接量距法、光电测距或前方交会法进行桥墩定位；

(2)全站仪定位法进行桥墩定位；

(3)根据测设数据计算进行桥墩定位。

【学习目标】

(1)了解直接量距法、光电测距或前方交会法进行桥墩定位；

(2)掌握全站仪定位法进行桥墩定位；

(3)学习根据测设数据计算进行桥墩定位的方法。

4.5.1 相关知识

在桥梁施工测量中，测设墩台中心位置的工作称为桥梁墩台定位。这是墩台施工放样的基础。桥梁墩台定位所依据的原始资料是桥轴线控制桩的里程和桥梁墩台的设计里程。根据里程可以算出它们之间的距离，并按此距离标定出墩台的中心位置。

如图 4-29 所示，直线型桥梁的墩台中心都位于桥轴线的方向上，设计中已规定了桥轴线控制桩 A、B 及各墩台中心的里程。由相邻两点的里程相减，即可求得其间的距离。墩台定位的方法，可视河宽、河深及墩台位置等具体情况而定，根据现场条件可采用全站仪定位法、直接丈量法及方向交会法等。

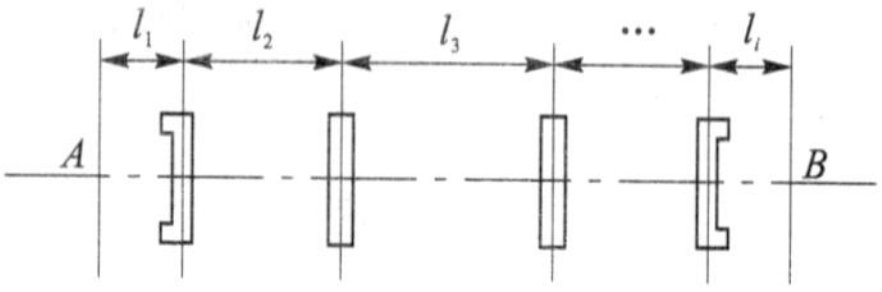

图 4-29 桥梁墩台定位原理

4.5.1.1 直接量距法或光电测距法进行桥墩定位

直接量距法进行桥墩定位，如图 4-30 所示。

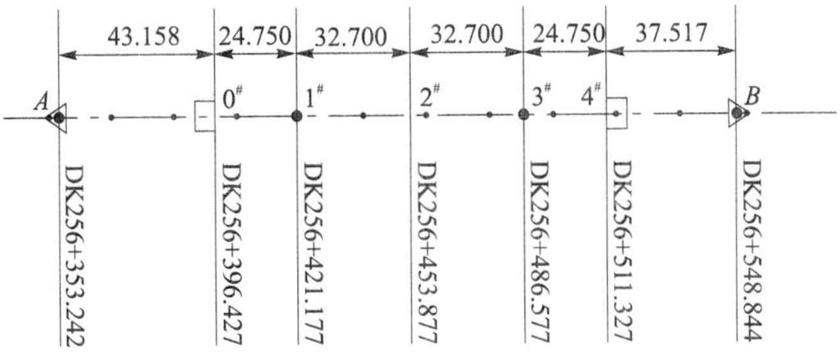

图 4-30　直接量距法

4.5.1.2　前方交会法

如果桥墩位置无法直接丈量，也不便于架设反光镜时，可采用前方交会法测设墩位前方交会法既可用于直线桥的墩台定位测量，也可用于曲线桥的墩台定位测量。

用交会法测设墩位，如图 4-31 所示，需要在河的两岸布设平面控制网，如导线、三角网、边角网、测边网等。

前方交会法的基本原理：根据控制点坐标和墩台坐标，反算交会放样元素 α_i、β_i，在相应控制点上安置仪器并后视另一已知控制点，分别测设水平角 α_i、β_i，得到两条视线的交点，从而确定墩台中心的位置。

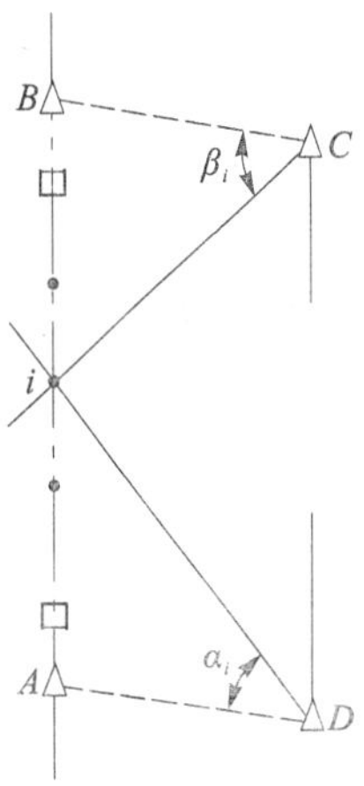

图 4-31　前方交会法

4.5.1.3　全站仪定位法

用全站仪进行桥梁墩台定位，简便、快速、精确，只要在墩台中心处可以安置反射棱镜，而且仪器与棱镜能够通视，即使其间有水流障碍亦可采用。

测设时最好将仪器置于桥轴线的一个控制桩上，瞄准另一控制桩，此时望远镜所指方向为桥轴线方向。在此方向上移动棱镜，通过放样模式，定出各墩台中心位置。这样测设可有效地控制横向误差。如在桥轴线控制桩上测设有障碍，也可将仪器置于任何一个控制点上，利用墩台中心的坐标进行测设。但为确保测设点位的准确，测后应将仪器迁至另一控制点上，再按上述程序重新测设一次，以进行校核。只有当两次测设的位置满足限差要求才能停止。

值得注意的是，在测设前应将所使用的棱镜常数和当地的气象、温度和气压参数输入仪器，而全站仪会自动对所测距离进行修正。

4.5.1.4　测设数据计算

为了便于作业，应根据控制点的坐标和墩台中心的坐标，计算测设数据并将其编制成表。

墩台定位测设数据主要包括置镜点、墩台或控制点编号、坐标方位角、边长等。其格式见表4-7。

表 4-7　墩台定位测设数据

置镜点	控制点	边 长	坐标方位角 (°　′　″)	墩台号	边 长	坐标方位角 (°　′　″)
D_1				0#	161.419 2	145　04　25.8
	D_2	141.793 1	40　39　40.4	1#	141.836 5	139　20　24.9
	D_3	199.900 8	83　43　49.1	2#	101.907 1	114　55　28.3
	D_4	151.096 9	142　17　32.5	3#	94.783 7	77　09　57.9
				4#	126.005 0	47　10　28.8
				5#	143.978 1	39　55　54.1

4.5.2　推荐阅读书目

[1]《土木工程测量》,过静君主编,武汉理工大学出版社 ,2000。
[2]《工程测量》,杨中利等主编,中国水利水电出版社,2008。
[3]《工程测量规范》,国家技术监督局等,中国计划出版社,1993。
[4]《土木工程测量》,覃辉等主编,同济大学出版社,2004。

任务 4.6　墩台施工测量

【学习任务】

(1)墩台的高程控制和墩台轴线测设;

(2)基础施工放样和墩身施工放样。

【学习目标】

(1)掌握墩台的高程控制和墩台轴线测设的方法;

(2)掌握基础施工放样和墩身施工放样的方法。

4.6.1　相关知识

在完成墩台的平面定位后,还应建立桥梁施工的高程控制网,作为墩台施工高程放样的基础。

桥墩主要由基础、墩身、墩帽三部分组成。它的细部放样是在实地标定好的墩位中心和桥墩纵横轴线的基础上,根据施工的需要,按照设计图自下而上,分阶段地将桥墩各分尺寸放样到施工作业面上。

4.6.1.1　**墩台的高程控制**

1. 水准网布设

当桥长在 200 m 以内时,可在河两岸各设置 1 个水准点。当桥长超过 200 m 时,由于两岸连测起来比较困难,当水准点高程发生变化时不易复查,因此每岸至少应设置 2 个水准点。

水准点应设在距桥中线 50 ~ 100 m 内，选择坚实、稳固、能够长久保留、便于引测使用的地方，且不易受施工和交通的干扰。相邻水准点之间的距离一般不大于 500 m。为了施工使用方便，还可设立若干个工作水准点。工作水准点的位置以方便施工测设为准。但在整个施工期间，应定期复核工作水准点的高程，以确定其是否受到施工的影响或破坏。此外，对桥墩较高，两岸陡峭的情况，应在不同高度设置水准点，以便于桥墩高程放样。

2. 水准网连测

桥梁高程控制网的起算高程数据，应由桥址附近的国家水准点和路线水准点引入，其目的是要保证桥梁高程控制网与路线采用同一个高程系统，从而取得统一的高程基准。但连测的精度可略低于桥梁高程控制网本身的精度，因为它不会影响到桥梁各部分高程放样的相对精度，因此桥梁高程控制网仍是一个自由网。

3. 水准网精度

为了保证放样墩台高程的精度，高程控制网必须要有足够的精度。一般地，水准点之间的连测及起算高程的引测可采用三等精度；对于跨河水准测量，当跨河距离小于 800 m 时采用三等精度，大于 800 m 时则应采用二等精度。

为了确保两岸水准点之间高程的相对精度，控制跨河水准测量的精度至关重要，所以它在桥梁高程控制测量中精度要求最高。根据跨河水面宽度的不同，应采用单线过河或双线过河。一般地，跨河水面宽度在 300 m 以下时，可采用单线过河；超过 300 m 则须采用双线过河，且应构成水准闭合环。

4. 水准网测量

水准测量开始作业之前，应按照国家水准测量规范的规定，对用于作业的水准仪和水准尺进行检验与校正；水准测量的实施方法及限差要求亦应按规范规定进行。

水准网的平差根据具体情况可采用多边形平差法，间接观测平差以及条件观测平差。但一般情况下，由于桥梁水准网网形简单，通常只有一个闭合环，平差计算比较简单。

4.6.1.2 墩台轴线测设

在墩台施工前，需要根据已测设出的墩台中心位置，测设墩台的纵横轴线，作为放样墩台细部的依据。墩台纵轴线是指过墩台中心，垂直于路线方向的轴线；墩台横轴线是指过墩台中心与路线方向一致的轴线。

在直线型桥上，墩台的横轴线与桥轴线重合，且所有墩台均一致，因而就可以利用桥轴线两端的控制桩标定横轴线方向，因此一般不再另行测设。

墩台的纵轴线与横轴线垂直。在测设纵轴线时，在墩台中心点上安置经纬仪，以桥轴线方向为准测设 90°角，即为纵轴线方向。由于在施工过程中经常需要恢复墩台的纵、横轴线位置，因此需要用桩标将其准确地标定在地面上，这些桩标称为护桩，如图 4-32 所示。

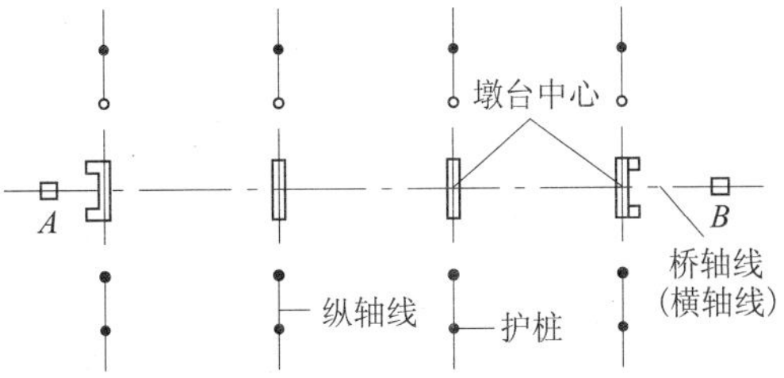

图 4-32 墩台轴线及护桩

为了消除仪器误差的影响，需要用盘左盘右测设两次，取其平均位置。在测设出的轴线方向上，应在桥轴线两侧各设置 2 ~ 3 个护桩。这样,在个别护桩损坏后也能及时恢复。另外,当墩台施工到一定高度时,将影响两侧护桩的通视,这时,利用桥轴线同一侧的护桩即可恢复纵轴位置。护桩的位置应选在离开施工场地一定距离,通视良好,地质稳定的地方。桩标一般采用木桩或混凝土桩。

位于水中的桥墩,由于既不能安置仪器,也不能设护桩,可在初步定出的墩位处筑岛或建围堰,然后用方向交会法或其他方法精确测设墩位并设置轴线。如果是在深水大河上修建桥墩,一般采用沉井基础,此时往往采用前方交会进行定位,在沉井落入河床之前,需要不断地进行观测,以确保沉井位于设计位置上。当采用光电测距仪进行测设时,亦可采用极坐标法进行定位。

4.6.1.3　**基础施工放样**

桥梁基础形式有明挖基础、管柱基础、沉井基础等多种,以下讨论明挖基础的施工放样。

明挖基础适合在地面无水的地基上施工,先挖基坑,再在坑内砌筑块材基础(或浇筑混凝土基础),如系浅基础,可连同承台一次砌筑(或浇筑),如图4-33所示。如果在水面以下采用明挖基础,则要先建立围堰,将水排出后再施工。

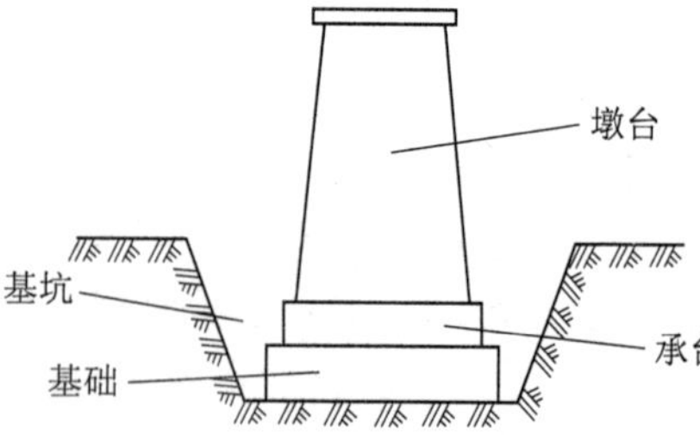

图4-33　明挖浅基础

在基础开挖之前,应根据墩台中心点位及纵、横轴线,按设计的平面形状测设出基础轮廓线控制点。如图4-34所示,如果基础形状为方形或矩形,基础轮廓线的控制点则为四个角点及四条边与纵、横轴线的交点;如果是圆形基础,则为基础轮廓线与纵、横轴线的交点。必要时尚需增加轮廓线与纵、横轴线分角线的交点。控制点距墩中心点或纵、横轴线桩的距离应略大于基础设计的底面尺寸,一般可大0.3 ~ 0.5 m,以便正确安装基础模板。

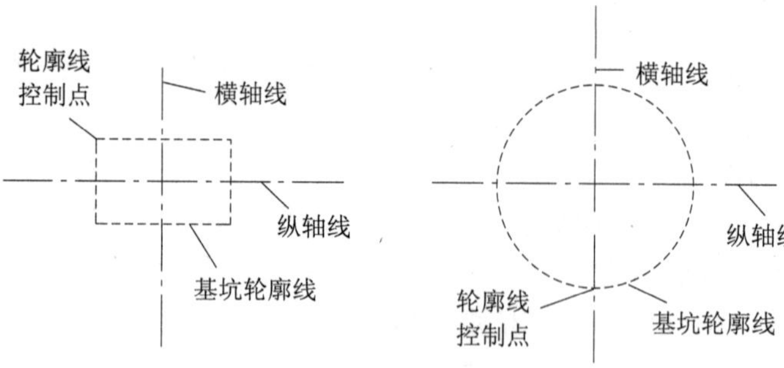

图4-34　明挖基础轮廓线测设

如果地基土质稳定,不易坍塌,则坑壁可直立开挖,从而不设模板,而直接贴靠坑壁砌筑基础(或浇筑基础混凝土)。这种情况下,可不增大开挖尺寸。

如果地基土质软弱,直立开挖不能保证安全,则开挖基坑时需要放坡,基坑的开挖边界线需要根据坡度计算得到。此时,可先在基坑开挖范围测量地面高程,然后根据地面高程与坑底设计高程之差以及放坡坡度,计算出边坡桩至墩、台中心的距离。如图4-35所示,边坡桩至墩台中心的水平距离按下式计算:

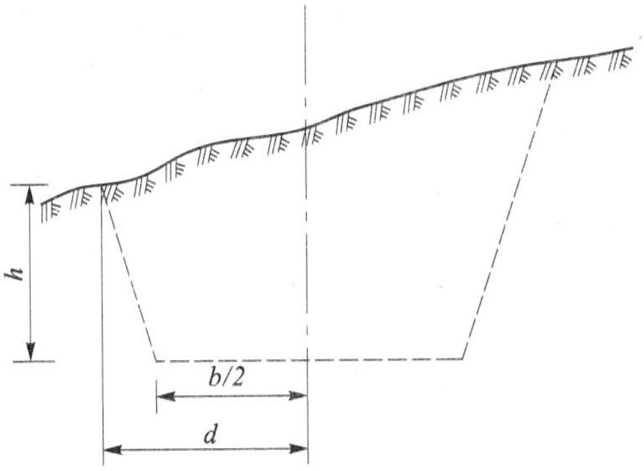

图 4-35 浅基础放坡开挖

$$d = \frac{b}{2} + hi$$

式中：b 为坑底的长度或宽度；h 为地面高程与坑底设计高程之差，即基坑开挖深度；i 为坑壁放坡坡度。

在测设边界桩时，以墩台中心点和纵、横轴线为基准，用钢尺丈量水平距离 d，在地面上测设出边坡桩，再根据边坡桩撒出灰线，即可依此灰线进行开挖。

当基坑开挖至坑底的设计高程时，应对坑底进行平整清理，然后安装模板，浇注基础及墩身。在进行基础及墩身的模板放样时，可将经纬仪安置在墩台中心线的一个护桩上，瞄准另一较远的护桩定向，这时仪器的视线即为中心线方向。安装时调整模板位置，使其中点与视线重合，则模板已正确就位。

如图 4-36 所示，当模板的高度低于地面，可用仪器在临近基坑的位置，放出中心线上的两点。在这两点上挂线，并用垂球将中线向下投测，引导模板的安装。在模板安装后，应检验模板内壁长、宽及与纵、横轴线之间的关系尺寸，以及模板内壁的垂直度等。

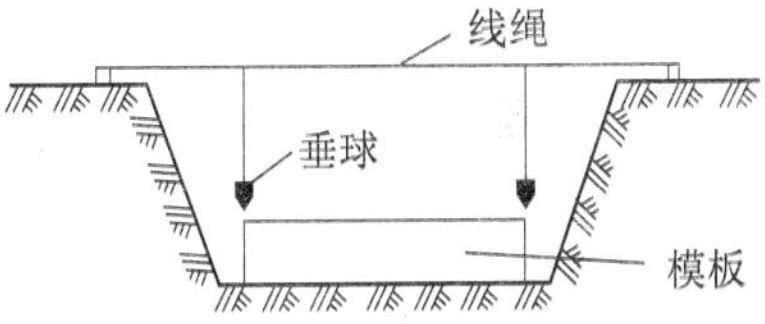

图 4-36 基础模板的放样

基础和墩身模板的高程一般用水准测量的方法放样，但当模板低于或高于地面很多，无法用水准尺直接放样时，则可用水准仪在某一适当位置先测设一高程点，然后再用钢尺垂直丈量，定出放样的高程位置。

4.6.1.4 墩身施工放样

基础施工完毕后，需要利用控制点重新交会出墩中心点。然后，在墩中心点安置经纬仪放出纵横轴线，同时根据岸上水准基点，检查基础顶面高程。根据纵横轴线即可放样承台、墩身的外廓线。

随着桥墩砌筑（浇筑）的升高，可用较重的垂球将标定的纵横轴线转移到上一段，每升高 3 ~6 m需利用三角点检查一次桥墩中心和纵横轴线。

圆头墩身的放样如图 4-37 所示。若墩身某断面尺寸为：长 a、宽 b、圆头半径 R，则可以墩中心 O 点为准，根据纵横轴线及相关尺寸，放出 L_1、L_2 和圆心 K

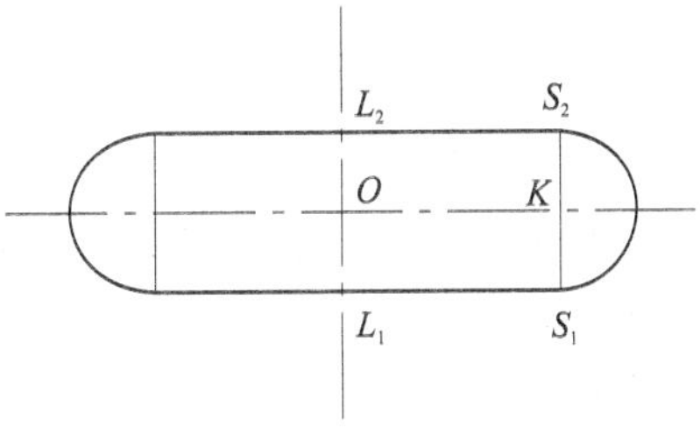

图 4-37 墩身放样

点；然后以 L_1 和 K 点用距离交会法定出 S_1 点；以 L_2 和 K 点用距离交会法定出 S_2 点；并以 K 点为圆心，按半径 R 可放出圆弧上各点。同法可以放样桥墩的另一端。

桥墩砌(浇)至离帽底约 30 cm 时，再测出墩台中心及纵横轴线，据此竖立顶帽模板、安装锚栓孔、安插钢筋等。在浇筑墩帽前，必须对桥墩的中线、高程、拱座斜面及其他各部分尺寸进行复核，并准确地放出墩帽的中心线。灌注墩帽至顶部时，应埋入中心标及水准点各 1 ~2 个。墩帽顶面水准点应从岸上水准点测定其高程，以作为安装桥梁上部结构的依据。

4.6.2 推荐阅读书目

[1]《土木工程测量》，过静君主编，武汉理工大学出版社 ,2000。

[2]《工程测量规范》，国家技术监督局等，中国计划出版社，1993。

[3]《土木工程测量》，覃辉等主编，同济大学出版社，2004。

[4]《工程测量》，杨中利等主编，中国水利水电出版社，2008。

任务 4.7 路桥测量综合实训

4.7.1 圆曲线的测设实训

4.7.1.1 目的要求

(1)通过实习掌握圆曲线主点测设方法及步骤。

(2)练习圆曲线细部测设的两种方法(直角坐标法及偏角法)。表中的计算全部做，现地钉二个细部点便可。

4.7.1.2 仪器和工具

经纬仪 1，花杆 3，卷尺 1，计算器 1，斧子 1，木桩 6，记录夹 1，圆曲线主点测设记录计算表与圆曲线细部测设记录计算表。

4.7.1.3 实习步骤

1. 圆曲线主点测设

(1)任意选一公路中线的转点，编号为 JD_1，在路线起点处插一花杆。本实习主要练习圆曲线测设，路线起点距离 JD_1 近一些，以减少量距也不必打桩，须知在正式公路测量中，路线起点是预先确定的。另在前路中线上再选一点插花杆(也不打桩，以作测量转角瞄准目标用)。

(2)经纬仪安置在 JD_1，对中整平，用测回法测量右角一测回，记录于表 4-7 中。

(3)根据观测的右角 β，计算转角 Δ。当右偏时，$\Delta = 180° - \beta$；当左偏时，$\Delta = \beta - 180°$。判别路线是右偏还是左偏，除根据现地判别外，可根据 β 角的大小，$\beta < 180°$为右偏，$\beta > 180°$为左偏。

(4)按照地形条件及规程规定拟定圆曲线半径 R。考虑地形条件拟定半径时，可先估计外距长或切线长，看采用多大的半径合适。选择半径不得小于规程规定的最小半径，并应取整数值。

(5)根据选定的半径及转角，求切线长 T，曲线长 L，外距 E 及切曲差 J。曲线元素计算，最好使用可编程计算器编程计算。

(6)计算三个主点的桩号：

曲线起点 ZY 桩号 = 转点 JD_1 桩号 − 切线长 T

曲线中点 QZ 桩号 = ZY 桩号 + $L/2$

曲线终点 YZ 桩号 = QZ 桩号 + $L/2$(或 ZY 桩号 + L)

桩号计算的校核：

YZ 的桩号 = JD 桩号 + 切线长 T − 切曲差 J

2. 圆曲线的细部测设

当圆曲线长超过 40 m，或曲线和某个地物(如道路、渠道)相交，或曲线经过之处地貌发生显著变化(如跨山沟)，此时均应打加桩。一般每隔 10 m 或 5 m 打一加桩以便于施工。本实习要求学生全部完成两种方法测设细部点的计算，但现地钉桩只要求完成 2 点。先用直角坐标法测设，后用偏角法核对，须知在正式作业时只要用一种方法测设便可。

1)直角坐标法(切线支距法)

为求某一细部桩点的直角坐标 x、y，可直接查切线支距表，但一般表中只给弧长整米的 x、y 值，非整米的计算不便。使用计算器时用下列公式计算也很方便。

$$\varphi = \frac{S}{R} \times \frac{180^\circ}{\pi}$$

$$x = R\sin\varphi \qquad y = R - R\cos\varphi$$

计算结果列于表 4-8 中。具体测设时，以 ZY 点或 YZ 点为坐标原点，沿切线用皮尺量取 x 值，垂直于切线方向量取 y 值便可确定点位。

2)偏角法

为测设细部点，先计算细部点所对应的偏角 δ 及弦长 c，计算公式如下：

$$\delta = \frac{\varphi}{2} = \frac{S}{R} \times \frac{90^\circ}{\pi}$$

$$c = 2R\sin\delta$$

实际上，并非每个细部点都要用上列公式计算，一般仅需计算三个不同弧长所对应的偏角及弦长。在表 4-8 ~ 表 4-10 范例中，仅需把弧长为 8.91，10.00 及 6.28 等 3 个数代入公式计算。偏角计算的结果列于表中“单值”一栏内，“累计值”是偏角单值累加，以便于经纬仪测设。具体测设时，将经纬仪置于 ZY 点，度盘安置 0°00′00″瞄准 JD 点，然后松开照准部使度盘得读数为 1 点的偏角 δ = 3°24′26″，在望远镜的视线方向内，从 ZY 点拉皮尺量弦长 C_1 = 8.91 m 打下木桩即得 1 点。测设 2 点时，经纬仪设置 2 点偏角即 δ_2 = 7°13′37″。但量距应从 1 点开始量 C_2 = 9.99 m，C_2 长度刻划同望远镜视线相交即得 2 点。用同样方法测设其余各点，本例测设 4 点与 5 点时，考虑到通视情况，经纬仪要搬到 YZ 点，如果能通视可以不搬站。测得第 5 点后，量 5 至 YZ 点的距离应为 6.28 m，其较差一般不应超过 L/1 000 m(L 为圆曲线的长度)。

4.7.1.4 记录计算表格式样

(1)圆曲线主点测设计算表，如表 4-8 所示。

(2)根据表中所提供的数据，完成圆曲线部计算表 4-9 和表 4-10。

表 4-8　圆曲线主点测设记录表

交点桩号：JD_1　　　　编号：0 + 080　　　　班级：　　　　小组：

观测点名	盘位	水平度盘读数 (° ′ ″)	半测回角值 (° ′ ″)	平均角值 (° ′ ″)
JD_2	L			
0 + 000				
0 + 000	R			
JD_2				
转角 I 的计算	右偏：$\Delta R = 180° - \beta = 42°10'$ 左偏：$\Delta L = \beta - 180° =$			

曲线元素计算		曲线主点桩号计算	
半径 R	75 m	曲线起点 ZY	ZY 0 + 51.08
切线长 T		曲线中点 QZ	QZ 0 + 78.62
曲线长 L	5	曲线终点 YZ	YZ 0 + 106.28
外矢距 E		校核 $YZ = JD + T - J$ $YZ = JD + T - D$	
切曲差 J			

表 4-9　圆曲线细部测设计算表一

交点桩号：JD_1　　　　编号：0 + 080　　　　班级：　　　　小组：

点名	里程编号	弧长	直角坐标法			偏角法		
			坐标原点	X	Y	弦长	单值	累计值
ZY	0 + 51.08	8.92				8.91	3°24′26	0°0′00″
1	0 + 60.00	10.00	ZY	8.90	0.53	9.99	3°49′11	
2	0 + 70.00	10.00	ZY			9.99	3°49′11	
3	0 + 80.00	10.00	ZY			9.99	3°49′11	
4	0 + 90.00	10.00	YZ		1	9.99	3°49′11	
5	0 + 100.00	6.00	YZ	6.67	0.26	6.28	2°23′56	
YZ	0 + 106.00							
测设校核	偏角法测设距离较差为：0.05 m < 0.055 m 容许值：曲线长 × (1/1 000) = 55.2 × (1/1 000) = 0.055 m							

表 4-10　圆曲线细部测设计算表二

交点桩号：______________　　　编号：______________　　　观测日期：____年____月____日

班级：______　　小组：______　　观测者：________　　记录者：______　　计算者：______

点名	里程编号	弧长	直角坐标法			偏角法		
			坐标原点	*X*	*Y*	弦长	单值	累计值
测设校核	偏角法测设距离较差为： 容许值：							

班级：______　　小组：______　　学号：______　　姓名：______　　分数：______　　时间：______

4.7.2　任务评价

项目部＿＿＿＿＿＿　学号＿＿＿＿＿＿　学生＿＿＿＿＿＿　成绩＿＿＿＿＿＿

<table>
<tr><td>工作项目</td><td colspan="2"></td><td>实训日期</td><td colspan="2">计划学时</td></tr>
<tr><td>工作内容</td><td colspan="2"></td><td></td><td colspan="2"></td></tr>
<tr><td>教学方法</td><td colspan="5">任务驱动(理论+实践)</td></tr>
<tr><td rowspan="2">工作目标</td><td>知识</td><td>能力</td><td colspan="3">素质</td></tr>
<tr><td></td><td></td><td colspan="3">认真、求实、合作精神</td></tr>
<tr><td>工作重点及难点</td><td colspan="5"></td></tr>
<tr><td>工作任务及能力训练任务</td><td colspan="5"></td></tr>
<tr><td>工作成果</td><td colspan="2"></td><td colspan="3"></td></tr>
<tr><td>评价标准</td><td>A. 很积极主动,团队合作很好;
B. 积极主动,团队合作好;
C. 较积极主动,团队合作尚好;
D. 不主动,合作尚好;
E. 不主动,合作差</td><td>A. 内容全面,目标合理;
B. 内容全面,目标较合理;
C. 内容基本正确;
D. 内容不正确;
E. 无内容</td><td>A. 方法应用很正确;
B. 方法正确;
C. 方法基本正确;
D. 方法不正确;
E. 无方法</td><td>A. 形式美观,有特色;
B. 形式美观;
C. 形式合理;
D. 形式尚合理;
E. 形式不合理</td><td>综合</td></tr>
<tr><td>学生自评</td><td></td><td></td><td></td><td></td><td></td></tr>
<tr><td>学生互评</td><td></td><td></td><td></td><td></td><td></td></tr>
<tr><td>教师评价</td><td></td><td></td><td></td><td></td><td></td></tr>
<tr><td>任务评价</td><td colspan="5">学生自评(0.2)+学生互评(0.3)+教师评价(0.5)</td></tr>
<tr><td colspan="6">A. 90~100分　B. 80~89分　C. 70~79分　D. 60~69分　E. 60分以下</td></tr>
</table>

第 5 单元　民用建筑物轴线测量

任务 5.1　建筑物轴线放样

【学习任务】

(1)简单建筑物主轴线放样；

(2)建筑物细部轴线的放样。

【学习目标】

掌握建筑物轴线放样的方法。

5.1.1　相关知识

5.1.1.1　概述

民用建筑是指住宅、办公楼、食堂、俱乐部、医院和学校等建筑物。

民用建筑施工测量的主要任务：

(1)轴线放样；

(2)基础施工测量；

(3)墙体施工测量；

(4)轴线及高程传递；

(5)竣工测量及竣工总平面图的编绘。

建筑物的轴线是指墙基础或柱基础在平面上投影中心线或边线，多呈矩形分布。建筑物轴线分为主轴线和细部轴线。控制建筑物整体形状的起定位作用的轴线称为建筑物主轴线。建筑物主轴线是基础放样和细部放样的依据。

5.1.1.2　建筑物主轴线放样

建筑物主轴线放样包括以下几种方法：

(1)根据“建筑红线”放样定位主轴线。建筑红线又称规划红线，是经规划部门审批并由国土管理部门在现场直接放样出来的建筑用地边界点的连线，规划红线具有法律效益。测设时，可根据设计建筑物与建筑红线的位置关系，利用建筑用地边界点测设，如图 5-1所示。

(2)根据与原有建筑物或道路的关系定位主轴线。其方法包括延长直线法、直角坐标法、平行线线法，如图 5-2 所示。

(3)根据建筑方格网放样定位主轴线。

(4)根据其他控制点放样定位主轴线。

根据与原有道路的关系定位主轴线：

拟建建筑物的轴线与道路中心线的位置关系已知，如图 5-3 所示。

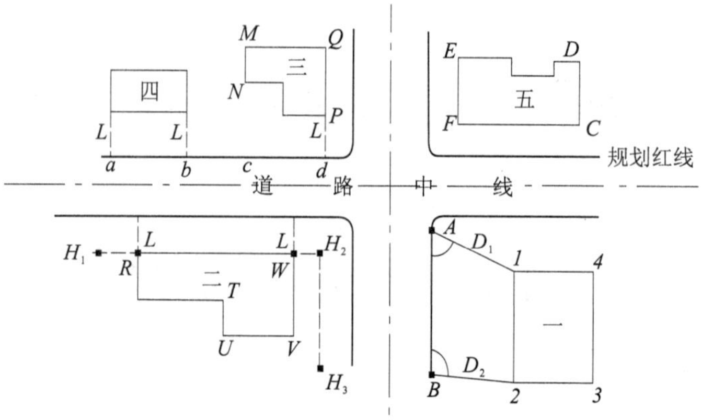

图 5-1 根据建筑线线放样法

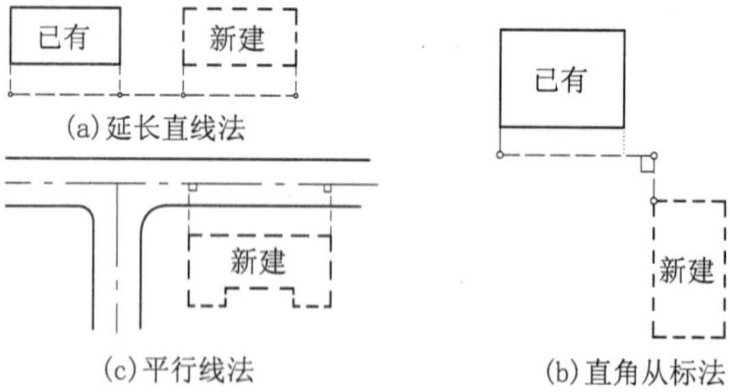

图 5-2 根据与原有建筑物的关系定位主轴线

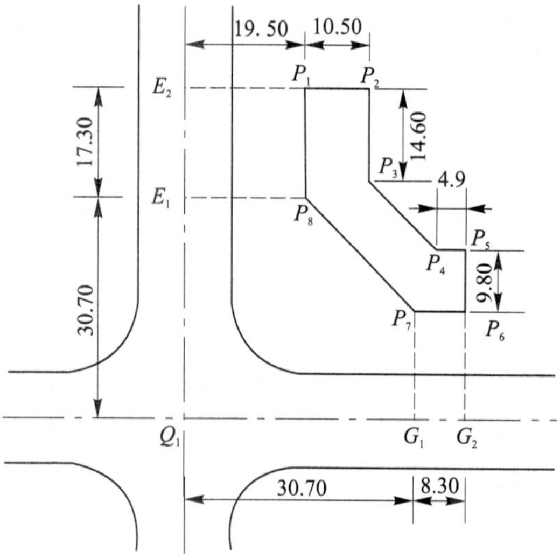

图 5-3 道路法定位主轴线

5.1.1.3 细部轴线的放样

细部轴线包括基础轴线和柱列轴线。

目的:根据已定位的外墙轴线交点桩(角桩),测设出建筑物基础轴线的交点桩(或称中心桩),然后根据交点桩用白灰撒出基槽开挖边界线。

恢复轴线位置的方法有轴线控制桩和龙门板。

1. 轴线控制桩

先进行中心桩的测设,如图 5-4 所示。

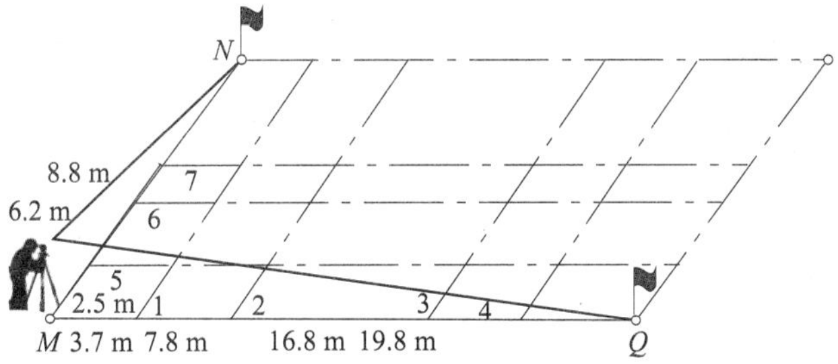

图 5-4　中心桩测设

要求:

(1)量距精度应达到设计精度要求。

(2)量出各轴线之间距离时,钢尺零点要始终对在同一点上。

根据中心桩的位置,进行轴线控制桩的测设,如图 5-5 所示。

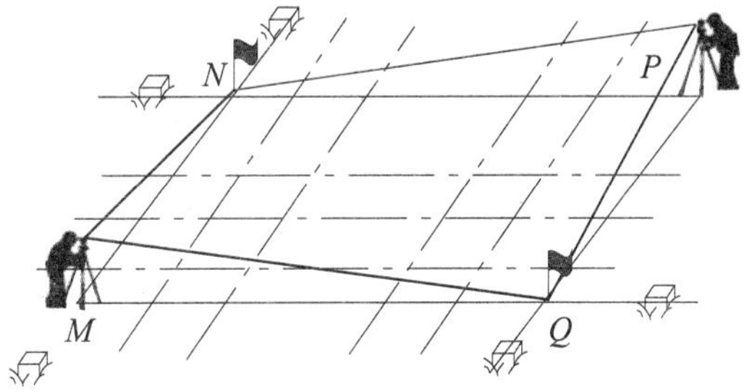

图 5-5　轴线控制桩测设

2. 龙门板法

在小型民用建筑施工中,常将各轴线引测到基槽外的水平木板上。水平木板称为龙门板,固定龙门板的木桩称为龙门桩,如图 5-6 所示。

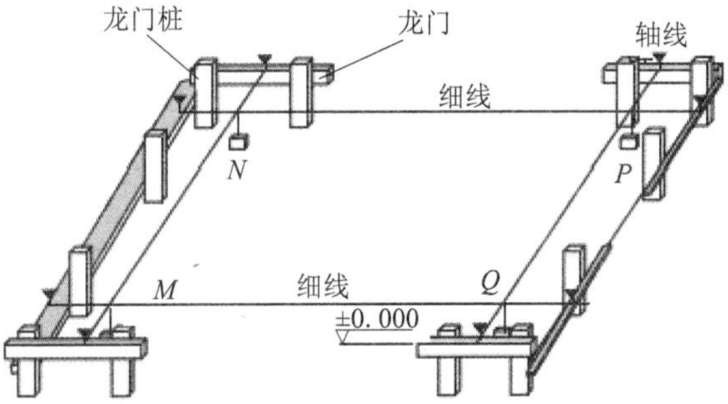

图 5-6　龙门板法

5.1.2 经典案例

先选取一长 110 m 以上、宽 70 m 以上，且地势较平整、视野开阔的地方，在大致中间位置选取一点，并标记为 H_2，把全站仪架设在该点上，具体点的选取见附图。

(1)放样部位：V_1。

①详细放样步骤：用皮尺在一方向上量出大致 40 m 的位置，架上棱镜，测出该长度，并通过调整棱镜位置使长度在 40 m，将该方向角置为零度，此点标记为 V_1。

②检核方法：通过四测回测出 H_2 与 V_1 的长度与方位角，计算出误差值，与限差做比较。

(2)放样部位：H_3。

①详细放样步骤：将全站仪顺时针旋转 90°，并水平制动，用皮尺在此方向上量出 50 m 位置，并放上棱镜，通过调整棱镜位置使长度为 50 m，此点标记为 H_3。

②检核方法：通过四测回测出 H_2 与 H_3 的长度与方位角，计算出误差值，与限差做比较；

(3)放样部位：V_2。

①详细放样步骤：将全站仪顺时针旋转 90°，并水平制动，用皮尺在此方向上量出 30 m 位置，并放上棱镜，通过调整棱镜位置使长度为 30 m，此点标记为 V_2。

②检核方法：通过四测回测出 H_2 与 V_2 的长度与方位角，计算出误差值，与限差做比较。

(4)放样部位：H_1。

①详细放样步骤：将全站仪顺时针旋转 90°，并水平制动，用皮尺在此方向上量出 60 m 位置，并放上棱镜，通过调整棱镜位置使长度为 60 m，此点标记为 H_1。

②检核方法：通过四测回测出 H_2 与 H_1 的长度与方位角，计算出误差值，与限差做比较；轴线放样略图如图 5-7 所示。

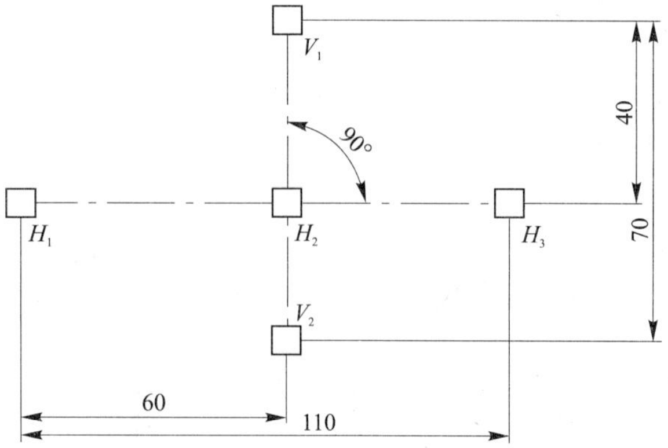

图 5-7 轴线放样略图 (单位：m)

5.1.3 推荐阅读书目

《建筑工程测量》，曾仁书主编，中国地质大学出版社，2012。

任务5.2　建筑物的轴线投测

【学习任务】

投测多层建筑物的主轴线。

【学习目标】

掌握投测多层建筑物的方法。

5.2.1　相关知识

5.2.1.1　轴线投测的方法

在多层建筑墙身砌筑过程中,为保证建筑物轴线位置正确,可用吊锤球或经纬仪将轴线投测到各层楼板边缘或柱顶上。

1. 吊锤球法

将较重的锤球悬吊在楼板或柱顶边缘,当锤球尖对准基础墙面上的轴线标志时,线在楼板或柱顶边缘的位置即为楼层轴线端点位置,并画出标志线。各轴线的端点投测完后,用钢尺检核各轴线的间距,符合要求后,继续施工,并把轴线逐层自下向上传递。

吊锤球法简便易行,不受施工场地限制,一般能保证施工质量。但当有风或建筑物较高时,投测误差较大,应采用经纬仪投测法。

吊锤球法轴线投测如图5-8所示。

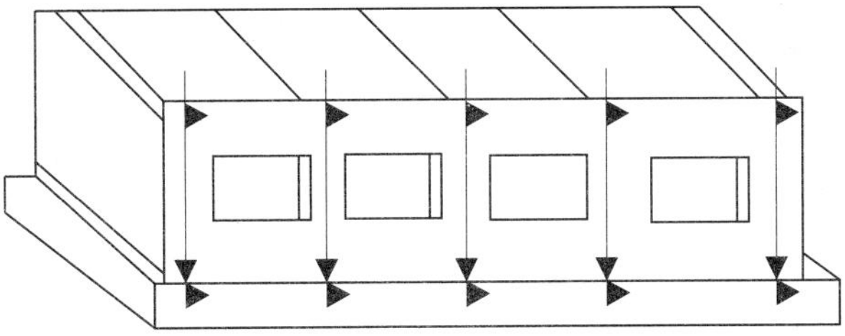

图5-8　吊锤球法投测轴线

将建筑物的主轴线都投测到楼面上,并弹出墨线,然后用钢尺检查轴线间的距离,其相对误差不得大于1/3 000。

2. 经纬仪投测法

(1)在轴线控制桩上安置经纬仪,严格整平后,瞄准基础墙面上的轴线标志,用盘左、盘右分中投点法,将轴线投测到楼层边缘或柱顶上。

(2)将所有端点投测到楼板上之后,用钢尺检核其间距,相对误差不得大于1/2 000。检查合格后,才能在楼板分间弹线,继续施工。

5.2.2　推荐阅读书目

《建筑工程测量》,曾仁书主编,中国地质大学出版社,2012。

任务 5.3　民用建筑物施工测量综合实训

(1)训练目的:掌握民用建筑物定位测量的基本方法。

(2)训练场地:学校实训场地。

(3)操作时间:60 min

(4)使用仪器与工具:J6 经纬仪 1,卷尺 1,标杆 2,记录夹 1,斧头 1,木桩 8。

(5)已知数据:现有建筑物轴线与辅助轴线之间的距离为 1.5 m。

(6)训练内容。

如图 5-9 所示,西边为原有的旧建筑物,东边为待建的新建筑物。假设新建筑物轴线 *AB* 在原建筑物轴线 *MN* 的延长线上。两建筑物的间距及新建筑物的长与宽,根据场地大小由教师规定。实习步骤如下:

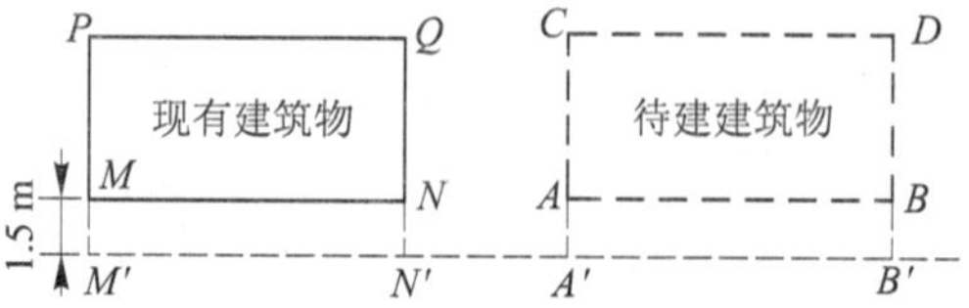

图 5-9　现有建筑物与原有建筑物之间的关系

①引辅助线:作 *MN* 的平行线 *M′N′*,即为辅助线。做法是:先沿现有建筑物外墙面 *PM* 与 *QN* 墙面向外量出 *MM′* 与 *NN′*,一般为 1.5 ~ 2.0 m,并使 *MM′* = *NN′*,在地面上定出 *M′* 和 *N′* 两点,定点须打木桩,桩上钉钉子,以表示点位。连接 *M′* 和 *N′* 两点即为辅助线。

②经纬仪置于 *M′* 点,对中整平,照准 *N′* 点,然后沿视线方向,根据图纸上所给的 *NA* 尺寸(要注意如图上给出的是建筑物间距,还应化为现有建筑物至待建建筑物轴线间距,并查待建建筑物长 *AB*)。本次实习由教师规定,从 *N′* 点用卷尺量距依次定出 *A′*、*B′* 两点,地面打木桩,桩上钉钉子。

③仪器置于 *A′* 点,对中整平,测设 90°角在视线方向上量 *A′A* = *M′M*,在地面打木桩,桩顶钉钉子定出 *A* 点。再沿视线方向量新建筑物宽 *AC*,在地面打木桩,桩顶钉钉子定出 *C* 点。注意,须用盘右重复测设,取正倒镜平均位置最终定下 *A* 点和 *C* 点。同样方法,仪器置于 *B′* 点测设 90°,定出 *B* 点与 *D* 点。

④检查 *C*、*D* 两点之间距离应等于新建筑物的设计长,距离误差允许为 1/2 000。在 *C* 点和 *D* 点安置经纬仪测量角度应为 90°,角度误差允许为 ±30″。

(7)训练要求

①将放样出的建筑物的位置在实地标定出来,做好点标记。

②每人提交一份所放样建筑物草图。

(8)任务评价。

项目部________ 学号________ 学生________ 成绩________

<table>
<tr><td>工作项目</td><td colspan="2"></td><td colspan="2">实训日期</td><td>计划学时</td></tr>
<tr><td>工作内容</td><td colspan="2"></td><td colspan="2"></td><td></td></tr>
<tr><td>教学方法</td><td colspan="5">任务驱动(理论+实践)</td></tr>
<tr><td rowspan="2">工作目标</td><td colspan="2">知识</td><td colspan="2">能力</td><td>素质</td></tr>
<tr><td colspan="2">掌握放样民用建筑物主轴线的方法。</td><td colspan="2">能够正确进行建筑物平面位置和高程的放样。
能够正确的进行高层建筑物的投测</td><td>认真、求实、合作精神</td></tr>
<tr><td>工作重点及难点</td><td colspan="5"></td></tr>
<tr><td>工作任务及能力训练任务</td><td colspan="5"></td></tr>
<tr><td>工作成果</td><td colspan="2"></td><td colspan="3"></td></tr>
<tr><td>评价标准</td><td>A. 很积极主动,团队合作很好;
B. 积极主动,团队合作好;
C. 较积极主动,团队合作尚好;
D. 不主动,合作尚好;
E. 不主动,合作差</td><td>A. 内容全面,目标合理;
B. 内容全面,目标较合理;
C. 内容基本正确;
D. 内容不正确;
E. 无内容</td><td>A. 方法应用很正确;
B. 方法正确;
C. 方法基本正确;
D. 方法不正确;
E. 无方法</td><td>A. 形式美观,有特色;
B. 形式美观;
C. 形式合理;
D. 形式尚合理;
E. 形式不合理</td><td>综合</td></tr>
<tr><td>学生自评</td><td></td><td></td><td></td><td></td><td></td></tr>
<tr><td>学生互评</td><td></td><td></td><td></td><td></td><td></td></tr>
<tr><td>教师评价</td><td></td><td></td><td></td><td></td><td></td></tr>
<tr><td>任务评价</td><td colspan="5">学生自评(0.2)+学生互评(0.3)+教师评价(0.5)</td></tr>
<tr><td colspan="6">A. 90~100 分　B. 80~89 分　C. 70~79 分　D. 60~69 分　E. 60 分以下</td></tr>
</table>